师范生综合素养提升系列
融媒体教材

基础写作教育

JICHU XIEZUO JIAOYU

主　编：陈威亚　高勤香
副主编：杜　娟　刘襄河　温　杰
参　编：王卡兰　徐　蕊　张　涛

NORMAL COLLEGE STUDENTS

北京师范大学出版集团
BEIJING NORMAL UNIVERSITY PUBLISHING GROUP
北京师范大学出版社

图书在版编目(CIP)数据

基础写作教育 / 陈威亚主编 .— 北京：北京师范大学出版社，2023.9

ISBN 978-7-303-29097-0

Ⅰ.①基… Ⅱ.①陈… Ⅲ.①汉语—写作—高等职业教育—教材 Ⅳ.①H15

中国国家版本馆 CIP 数据核字(2023)第 075391 号

图书意见反馈　gaozhifk@bnupg.com　010-58805079
营销中心电话　010-58802755　58800035

出版发行：北京师范大学出版社　www.bnup.com
北京市西城区新街口外大街 12-3 号
邮政编码：100088
印　　刷：天津中印联印务有限公司
经　　销：全国新华书店
开　　本：787 mm×1092 mm　1/16
印　　张：14.25
字　　数：226 千字
版　　次：2023 年 9 月第 1 版
印　　次：2023 年 9 月第 1 次印刷
定　　价：36.00 元

策划编辑：姚贵平　余娟平　　　责任编辑：姚安峰
美术编辑：陈　涛　焦　丽　　　装帧设计：陈　涛　焦　丽
责任校对：陈　荟　冯　倩　　　责任印制：陈　涛

▶前　言

编撰写作教材和写作本身一样，都需要找到一个切入点。以习近平新时代中国特色社会主义思想为指导，编写一本适合高职高专学生的写作教材显得尤为重要。

本教材体现出以下特点。

一是教学对象是高职高专学生。本教材适用于高职高专教育类专业学生学习。本教材共分为三篇，分别是基础理论篇、实践创作篇、融合教育背景下的写作指导篇。第三篇对融合教育背景下的儿童写作心理和教学新理念提出了一些思考，不仅能满足高职高专教育类专业学生当前的学习和今后的工作，还能为其将来应对工作提供理论支持和实践指导。

二是教学内容具有理论和实践、课岗证融合的特点。目前，高职院校的教学模式存在课岗证深度融合不够的问题。本教材在选取教学内容的过程中，充分考虑到理论和课堂教学实践相融合、教材与教师资格证训练相融合的问题。本教材采用的是理论—教学—实践，循序渐进的过程，每个项目和任务中，“学习目标”“知识导图”能强化学生对于每个项目的理解，“想一想”“说一说”“评一评”“练一练”从实践的角度出发，有针对性地对学生的写作进行训练，实现教、学、练一体的教学模式。每个项目都设置了学习任务，以促进学生写作知识和写作能力的提高；同时，本教材的任务七涉及教师资格证考试的写作内容，实现了课岗证融通的学习目的，为学生适应教学岗位奠定基础，突出了“教写”的师范性的特点。

三是教材建设与课程建设相融合。本教材有配套的微课等。一方面，这样做能够体现“纸质教材＋融媒体”的编写理念；另一方面，能够为教师教学和学生学习提供教学共享资源。教材建设与课程建设的融合，深入贯彻了以学生为中心的教学理念，教师主导教学进程，改“教”为“导”，着力培养学生的自主学习和探究的能力，最终达成学习目标。因视频录制在前，文本出版在后，故内容不完全一致。

本教材具体编写分工如下：陈威亚负责全书内容的统筹、体例的编排以及教材项目一至项目三的编写工作，温杰、张涛负责项目四的编写工作，高勤香和徐蕊负责项目五和项目六的编写工作，杜鹃负责项目七和项目八的编写工作，刘襄河、陈威亚和王卡兰负责项目九和项目十的编写工作。

在本教材的编写过程中，我们借鉴和参阅了许多相关资料，引用了大量的经典范例，吸取了一些写作研究成果和经验，在此，谨向各位原作者、编者表示衷心的感谢。

写作本身是一个不断修改完善的过程，由于编者水平有限，本教材难免存在不足，敬请广大读者不吝指正。期望在各位读者的关注下，本教材能够日臻完善。

编　者

001 基础理论篇

项目一　写作“初印象”........ 003

任务一　体会何为写作 005

任务二　明确为何写作 009

任务三　了解写作的核心能力 013

项目二　写作的过程 | 017

任务一　感知写作的特点 019

任务二　领悟写作的孕育 026

任务三　通晓写作的呈现 034

项目三　写作的表达方式 | 048

任务一　认识表达方式的内涵和意义 050

任务二　领会如何进行抒情 050

任务三　领会如何进行描写 053

任务四　领会如何进行叙述 056

任务五　领会如何进行说明 058

063 实践创作篇

项目四　诗歌创作 | 065

任务一　理解诗歌的审美特征 067

任务二　把握诗歌的创作要领 069

项目五　散文创作 | 074

任务一　理解散文的特征 076

任务二　把握散文的创作要领 082

项目六　小说写作 | 097

任务一　理解小说的概述 099

任务二　理解小说的审美特征 101

任务三　把握小说的创作要领 106

项目七　议论文写作 ｜ 123

任务一　理解议论文的概述 125

任务二　把握议论文的要素 127

项目八　应用文写作 ｜ 150

任务一　理解应用文写作的内涵、特点和作用 152

任务二　明确事务类应用文的写作 154

任务三　明确传播类应用文的写作 165

任务四　明确职业规划类应用文的写作 177

189 融合教育背景下的写作指导篇

项目九　融合教育背景下的儿童写作教学 ｜ 191

任务一　剖析融合教育背景下儿童的写作心理 193

任务二　认识融合教育背景下儿童写作教学的目标和现状 200

任务三　掌握融合教育背景下儿童写作教学的方法 205

项目十　融合教育写作教学的改革方向 ｜ 210

任务一　树立融合教育背景下写作教学的新理念 212

任务二　加强融合不同学生之间的写作的合作和交流 218

主要参考文献 222

基础理论篇

项目一　写作“初印象”

写作和说话一样，都是人们用来表达思想、抒发情感、传递信息的手段，不同之处在于，写作是把头脑中的话转成文字写下来，因此，学习写作也是一种学习与思考的过程。从这种意义上讲，写作不是作家的专利，而是每一个人必须具备的一项技能。

随着国家对教育工作的日益重视和大力推进，教育实施的重心逐渐转向内涵建设。写作作为教育课程的一个分支，是运用语言符号反映客观事物、表达思想感情、传递知识文化的创造性过程，是落实立德树人、培养不同层次学生文化素养的根本任务的关键课程，对不同层次的学生将来立足社会、表达自我、发展实践精神以及树立自立、自强、自信的信念有着重要作用。

学习目标

1. 了解写作的内涵、要素及其关系。
2. 认识写作的特性和功能。
3. 了解写作的核心能力。

知识导图

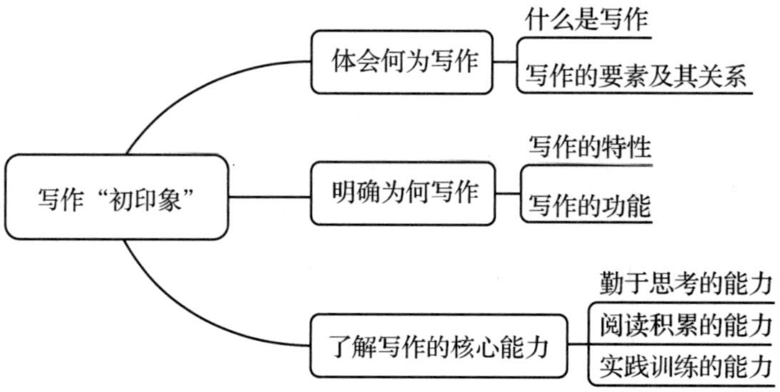

▶任务一 体会何为写作

体会何为写作

一、什么是写作

| 想一想 |

结合个人的写作经验，谈一谈你认为什么是写作。

（一）从“写作”本义而言——写作是创造性的劳动

关于写作的定义有多样的概括，《说文解字》提到“写，置物也。从宀，舄声”。从造字的角度来看，“写”是借助语言倾吐心声，完成一部作品。“作”，会意字，《仪礼》有“卜人坐，作龟”之语，此字是人用刀削、钻刻龟甲，然后灼烧，视其裂兆进行占卜之意。[①] 引申泛指制造建造、起始、兴起、发作、作为、写作等。从文字渊源中可以看出，写作是一种创造性的劳动。

（二）从历史渊源而言——写作是表情达意的工具和手段

我国古代就已经开始对写作的规律和知识体系进行研究和思考。《尚书 · 尧典》：“诗言志，歌永言，声依永，律和声。”曹丕在《典论 · 论文》中说道：“盖文章，经国之大业，不朽之盛事。年寿有时而尽，荣乐止乎其身，二者必至之常期，未若文章之无穷。是以古之作者，寄身于翰墨，见意于篇籍，不假良史之辞，不托飞驰之势，而声名自传于后。”无论是“诗言志”，还是“心合于道，说合于心，辞合于说”，写作都一直被当作“宣上下之象，明人伦之叙，穷理尽性，以究万物之宜”的一种工具和手段。因此，写作不仅是一种创造性的劳动，更是表情达意的工具和手段。

---

① 参见谷衍奎编：《汉字源流字典》，452 页，北京，语文出版社，2008。

（三）从文字的审美本质而言——写作是用文字表达画面、传递信息的艺术

我们在阅读文学作品的时候，经常会有一种感觉，透过文字能够“看到”另一个世界，把自己带入文学世界。因此，文字的作用是：将我看到的事情写给你，让你像我一样能够看到、感受到，达到人与人相互交流的目的。马致远的《天净沙·秋思》尤为典型：“枯藤老树昏鸦，小桥流水人家，古道西风瘦马。夕阳西下，断肠人在天涯。”[①]《天净沙·秋思》的经典之处在于，虽然无法确切说出美在何处，但是全篇都是画面，由景生情，由情生意。这就是语言作为写作载体的独特之处。

从以上三个方面我们可以归纳“写作”的定义：写作是运用语言文字符号反映客观事物、表达思想感情、传递知识信息的创造性脑力劳动过程；是人与人沟通、交流、分享、表达信息的一种方式；是表达情感、阐明观点、与人交流、培养清晰思维和敏锐意识的一种手段。

| 说一说 |

当我们说“写作是用文字表达画面、传递信息的艺术”时，这对我们的写作，尤其是文学创作有着怎样的启示？

二、写作的要素及其关系

写作由写作主体(谁来写)、写作客体(写什么)、写作载体(怎样写)和写作受体(为谁写)四个要素构成。其中，写作主体占据整个写作系统的核心位置，所有的写作活动围绕写作主体展开。

（一）写作主体

写作主体就是进行写作创作的人，既是写作对象的认识主体，又是文本制作的主体。如果一个人心中有故事，但只是停留在空想阶段，不能被称为写作主体；如果一个人只是在抄书，也不能被称为写作主体。写作主体必须包括实践主体和精神主体两个方面。也就是说，写作主体既要能够掌握写作规律，将自己对世界和事情的看法与

① 傅德岷、余曲主编：《元曲鉴赏辞典》，79 页，成都，巴蜀书社，2017。

情感投射到作品中，并完成写作成品；又要通过对自己的生活素养、学识修养、人格品位、审美理想的塑造，建立个人情感与外部世界之间的情感、价值关系。

| 评一评 |

写作不仅仅是作家的专业写作，抑或学生在教师指导下按照特定要求的书面表达，更应该是普通群众甚至是特殊需要群体，通过语言在生活中与他人沟通、交流、分享信息的一种方式。

（二）写作客体

写作客体是与写作主体发生对应关系的一切物质世界和精神世界，是写作主体的创作源泉，包括对象化的自然景观、对象化的社会生活、对象化的人生状态、对象化的精神产品等。凡是能够进入写作主体的观察视野，被写作主体理解，并被付诸文本作品，与写作主体的个人素养、审美情趣保持“主客交融”和“物我融合”的同型关系的一切客观事物都可被称为写作客体。

| 练一练 |

1.“客观世界就是写作客体”这个说法是否正确？

2. 请观察班上的一名同学，然后写一篇观察日记。

（三）写作载体

写作载体就是文本作品，是包含写作内容、作者情感、信息传递的承载体，是内容和形式的统一体。材料、主题、结构和语言共同构成写作载体的四大要素。其中，材料和主题属于内容要素，为内质；结构、语言属于形式要素，为外质。

一部作品一旦完成，就是一个相对独立的生命体，既可以用来实现写作主体的自身价值，也可以用来检验对象化的客观事物的价值。因此，写作载体的完善程度也决定了作品的价值实现程度。

（四）写作受体

写作受体是对写作作品进行解读实践活动的对象，即读者。罗曼·英加登说："每一次新的阅读都会产生一部全新的作品。"[①]现代写作中，写作已经不再是单向交流，而是双向沟通，所谓单向交流是指写作主体只是将写作文本信息发出，写作受体只是被动地接收信息。在这个过程中，写作受体并没有对文本作品进行创造性的解读。而解读文本是人类借助文本来把握世界的活动，也是在文本意义世界里探索和创新的活动。写作受体接受某一写作文本并与之沟通，这既是对写作主体的认同，也是写作受体通过感受、理解和建构显现文本意义的过程，在文本解读和领悟过程中，获得启迪。

当然，写作受体和写作载体作为书面交流直接发生联系的两端，是相互影响、相依相存的。读者的思维再活跃也要受到限定的语言的制约，同样，不同写作受体的生活阅历和知识素养决定他们如何理解作品。这就要求作者在写作过程中要有读者观念，应关注从读者的角度来创作。

同样，作为写作受体，一定要去阅读经典作品。意大利作家卡尔维诺给"经典"下的一个定义是"一部经典作品是一本每次重读都像初读那样带来发现的书"[②]。因为经典作品是随着时间的流逝而沉淀下来的，每一次经典作品的阅读都能带给读者更多的细节、层次和含义。

| 说一说 |

有同学说："我的作品就是给自己看的，别人看不懂那是他们的事情。"你认为这个说法是否正确？

（五）写作要素之间的建构关系

在写作活动中，写作主体、写作客体、写作受体、写作载体之间是一个有机整体，彼此关联，相得益彰，共同构成了整体的、动态的写作系统(见图 1-1)。在写作四要素

① 童庆炳主编：《文学理论教程》，342 页，北京，高等教育出版社，2004。

② ［意］伊塔洛·卡尔维诺：《为什么读经典》，黄灿然、李桂蜜译，3 页，南京，译林出版社，2006。

里面，写作主体和写作受体是双重主体——既是接受主体又是创造主体，写作主体通过对象化世界的观照，提炼材料，用语言文字制作出作品，写作受体接受作品信息时所表现出的价值取向与兴趣强弱又反馈给作者，促使作者创造出更好的作品。这种写作系统的运行过程，也是四个要素之间不断双向建构的过程。写作的各种要素之间相互联系，便构成了写作活动的完整过程。① 写作主体与写作客体的双向建构，形成写作载体的制作过程；写作载体与写作受体的双向建构，形成阅读过程；写作受体与写作主客体之间的双向建构，形成反馈过程。只有写作各要素共生共存、有序运行、良性互动，才能构成写作生命的共同体。

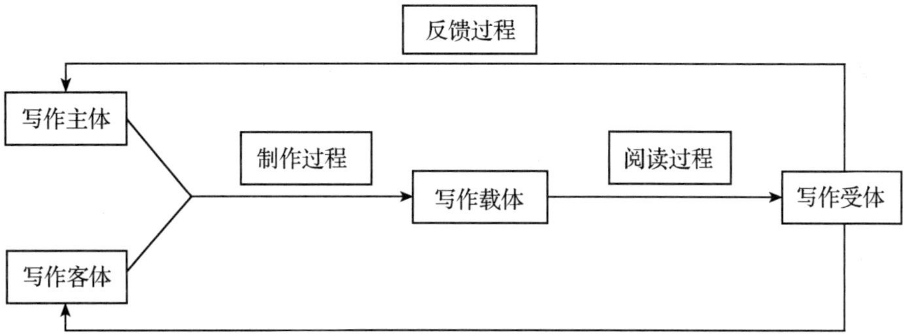

图 1-1　写作系统结构图②

▶任务二 明确为何写作

明确为何写作

写作作为一种人类精神的实践行为，具有其特性和功能，这些特性和功能对于学生个人的能力和素养的提升都起到重要的作用。

① 参见尹相如主编：《写作教程》，9～13 页，北京，高等教育出版社，2008。

② 参见尹相如主编：《写作教程》，13 页，北京，高等教育出版社，2008。

|想一想|

你认为写作有哪些特性和功能？

一、写作的特性

（一）教育性和社会性

写作的社会性和人的社会性是密不可分的。马克思指出："首先应当避免重新把'社会'当作抽象的东西同个体对立起来。个体是社会存在物。因此，他的生命表现，即使不采取共同的、同他人一起完成的生命表现这种直接形式，也是社会生活的表现和确证。"[①]在马克思看来，写作活动是人的活动之一，而人作为社会存在物，其写作活动也就具有了一定的社会性。可以说，写作的社会性不仅能帮助人们正确把握社会关系和认识环境状况，也能转化为每个人的内在属性，是一种相辅相成的过程，也是一种个人的个性化表达的过程。

（二）认知性和创造性

写作本身是一种智性活动，一种需要写作主体调动观察力、记忆力、思维力和想象力的创造性活动。写作活动不断刺激写作主体，提升他们的语言表达能力，更重要的是提高他们的集中注意力、善于观察事物和生活、存储记忆、对所接受事物进行想象和分析判断等能力。

（三）社交性和实践性

社交需求是人类自我价值实现的一个坐标，在现代社会中，人们已经步入了人人写作的时代，每个人都应该学会清晰、简洁地表达自己的思想。

写作是一种与他人进行书面沟通的工具，从这种情况而言，写作可以解决人们的问题，提高他们的社交能力和社会的适应度。

写作除了是一种与人沟通交流的技能外，还需要多阅读、多实践。写作的实践性

---

① 《马克思恩格斯全集》第3卷，302页，北京，人民出版社，2002。

不仅体现在文字作品需要通过实践产生，还体现在写作能力需要在实践过程中锻炼和提升。写作实践是构成写作主体与客观世界关系的基础，是写作主体与客观世界发生关联、相互制约、相互作用、相互交融的首要条件。没有写作实践，就没有写作主体与写作客体的区别和联系，写作是连接个人和社会的一种沟通方式。

（四）心理需求性

无论是普通人还是特殊需要群体，都有可能在某个时期某个地方出现不安、焦虑、害怕等情绪，因此，心理需求显得尤为重要。

写作作为一项创造性的脑力劳动，是人对生活的认识、向往和追求的语言表达。这也是我们经常提到的“文如其人”。写作的过程从某种程度上而言，也是自我和他人进行语言、思想交流的过程，同时也是一种审美的过程。由此可见，写作本身并不是抽象的事物，而是通过有针对性的写作活动，调节人的心理情绪，让不良的情绪能够得到宣泄，在一定程度上保证了人们的心理安全，让他们内心得以健康成长。

除此之外，在进行写作创作的过程中，学生习作的呈现可以说就是学生创作过程中的状态表现，是学生心理状态的具体表现。通过写作，学生的创造力、感受力和想象力在无形中得到提高。写作来源于生活，要写出好的作品，则需要学生多留心，进而提高自身的观察与分析的能力。因此，写作活动的实施对于提高其观察及分析能力有着较为显著的作用，从而促进心理健康发展。

| 评一评 |

写作的特性与群体的内在心理需求和外在性格塑造息息相关。

二、写作的功能

《论语·阳货》：“诗，可以兴，可以观，可以群，可以怨。迩之事父，远之事君；多识于鸟兽草木之名。”[①]可见，写作对社会和处于社会中的人都能产生一定的作用。

① 杨伯峻译注：《论语译注》，185 页，北京，中华书局，1980。

写作的功能体现在以下几个方面。

（一）自由表达功能

写作是对生活的真实反映，是以语言文字为载体，以生活化、有温度的实践为主要方式的表达。巴金在《我和文学》中这样说："我正是因为不善于讲话，有感情表达不出来，才求助于纸笔，用小说的情景发泄自己的爱和恨，从读者变成了作家。"①

表达是人的一种内在欲求，以交际、传播为目的，以语言为载体，以读者为接受对象。对于特殊需要群体而言，他们每个人都是一个独特的个体，都有自己的个性思维，只是由于客观因素无法通过正常话语表达，而写作就是一种真实、自由地表达他们的所见、所闻、所感的方式，有利于他们在富有生活气息的氛围中打开心扉，呈现丰富多彩的真实人生，也有利于他人通过写作文本，透视其内心深处，摸到他们思想深处的脉搏，走进他们的内心世界。

（二）审美认知功能

审美认知是指写作主体在审美经验、审美感受、审美情趣、审美能力等方面的基本素养。

马克思说过，人和动物活动的本质区别就在于，"动物只是按照它所属的那个种的尺度和需要来构造，而人懂得按照任何一个种的尺度来进行生产，并且懂得处处都把内在的尺度运用于对象；因此，人也按照美的规律来构造"②。写作是一种精神文化的创造过程，比起衣食住行等物质文化的创造，更需要体现出"按照美的规律来构造"的特点和成分。

当写作主体对写作客体进行审美的观照和把握时，写作主体自身也在潜移默化中受到审美的启迪、熏陶。人们需要在写作过程中，积累审美经验、增强审美感受、陶冶审美情趣，在比较中提高自身辨别美丑、是非和优劣的能力，通过写作培养自身认识美、发现美、创造美、鉴赏美的能力，进而成为有情感、有理性、有正确审美观和高尚审美情趣的人。

---

① 张献会、张来民编：《文学之路》，29页，郑州，河南人民出版社，1983。

② 《马克思恩格斯全集》第3卷，274页，北京，人民出版社，2002。

（三）人文教育功能

育人就是“以人为本，以育为法”，是指将具有丰富情感、复杂思维的人视为教育的本真对象，充分尊重人的内在因素，调动人的主观能动性，以提升综合素质为目标的化育行为。

在写作过程中，由情意予以启动，心理倾向发挥着主导作用，进而使受众群体在认知上发生变化，形成一定的人生观和价值观。

因此，学作文和学做人是密不可分的，写作具有很强的人文教育功能，有利于人变得精神自由而开阔，理想远大而崇高，心灵美好而圣洁。

▶任务三 了解写作的核心能力

了解写作的核心能力

| 想一想 |

根据自己的写作经验，谈一谈你认为写作的核心能力是什么。

写作是对世界的感知、对生活的表达，是一种责任感与创造性并举的脑力劳动。要想写出好的作品，应该具备写作的核心能力。有人认为，写作的核心能力是文字表达能力，因此，寄希望于通过背诵好词好句来提升自己的写作能力。但这种理解是错误的，并非掌握的字词句越多，就越能写出好的作品；人人都可以写作，但写出的东西可能有天壤之别。写作的核心能力是勤于思考、阅读积累、实践训练的能力。

一、勤于思考的能力

在写作过程中，如果能够深入思考，写出的作品就会比较出彩。思考能力决定着一个人的认知水平，认知水平决定一个人的判断力，判断力又会影响一个人的文本写作。

（一）养成不断追问的习惯

提高思考能力要从习惯性追问事物的本质开始。无论是面对人，还是面对事情，抑或面对一本书，都要保持一颗好奇心，要去追问事情的真相和本质。这种不断追根溯源的行为就是发现和思考的过程。例如，陀思妥耶夫斯基的很多小说题材来自当时的新闻报道，而他擅长挖掘新闻报道背后的故事和人性，才成就了《罪与罚》《卡拉马佐夫兄弟》等名作。

（二）养成融会贯通的习惯

在写作思考的过程中，要养成运用自己所学的知识的习惯，因为，不能为个人所用的知识都不是属于自己的。当学习到新的知识或者阅读到经典内容时，需要养成惯性思考的习惯——这个知识点可以和以往的哪个知识点相联系。例如，在描写柳树的时候，你可以去想之前学习和阅读过哪些和柳树相关的文章或者诗词，眼前的杨柳和其他文本中的杨柳有什么相似点和不同点。通过对比，挖掘出所要描述的杨柳的写作切入点。这种方式也可以训练和提高思考力。例如，毛泽东的《卜算子·咏梅》和王安石的《卜算子·咏梅》，虽然都是写梅花，但是毛泽东看到了梅花乐观高傲的风骨，王安石则看到了梅花被碾压后凄凉悲苦的一面。所以，两个人从不同的角度写出了梅花的特点。

二、阅读积累的能力

“写”与“读”是相互促进、不可分割的两个部分。如果说，“行万里路”是通过脚步和自我感受去观察世界，获得最原始的写作材料；那么，“读万卷书”就是通过阅读优秀的作品，获得大量的知识、开阔眼界、改善思维方式，进而以更加独特的视角感悟人生、理解社会，进行更好的写作。叶圣陶曾说：“阅读是吸收，写作是倾吐，倾吐能否合于法度，显然与吸收有密切的联系。”[①]很多优秀的作家都是以阅读经典作品为起点，开启自己的写作之路，实现从模仿到自我创作的跨越的。

---

① 《叶圣陶谈阅读》，10页，南京，江苏人民出版社，2020。

（一）增加阅读的强度

阅读和写作有着必然的联系，在思考能力和表达能力相当的情况下，阅读数量的多少决定着写作能力的高低。阅读量的增加是一个日积月累的过程。

（二）阅读经典作品

所谓经典作品，是经过时间的洗涤，岁月的锤炼，保留下来的人类宝贵的精神财富。阅读经典作品可以增加阅历，增强文化责任，提高写作的能力。写作不仅是内容的输出，更是思想的输出。经典作品无论是在思想内涵还是艺术形式上都具有较高的创造性和典范性。鲁迅曾说过，在“应该怎样写”的种种答案中，“大概总该有一个是‘多看大作家的作品’”[①]。目前，我们面对的作品成千上万，阅读的渠道也极为广泛。但是，人的生命是有限的，只有阅读经典作品，才能不断丰富我们的写作素材，在潜移默化中提升自身的文学素养。

（三）提高阅读效果

很多人都会存在这样的问题，自己读的书不少，但是收效甚微。这里就有一个问题：阅读不是目的，将读的东西转化为自己的东西，才是真正的阅读。因此，有效的阅读应该带着目标和预期进行；要养成边阅读、边思考、边记录的习惯；反复阅读经典的内容和片段；带着批判性思维和学习的心态进行阅读；代入自己的学习和生活进行阅读。这样才能逐步提升阅读的效果。

三、实践训练的能力

写作离不开实践创作，一个人具有再丰富的生活和社会经验，具有再多的阅读心得，但是不付诸写作实践，就无法真正学习到写作的“真经”。

周国平说过：“作家是世界上最勤快的人，他总是处在工作状态，不停地做着两件事，便是积累素材和锤炼文字。严格地说，作家并非仅仅在写一个具体的作品时才在写作，其实他无时无刻不在写作。”[②]从模仿到形成自我写作的风格，中间需要经历实

① 《鲁迅全集》第6卷，321页，北京，人民文学出版社，2005。
② 周国平：《无时无刻不在写作》，载《文学少年（中学）》，2017(4)。

践训练阶段。实践训练就是一个日积月累的过程，只有丰富地积累，才能避免在写作过程中出现“无话可说”的窘境。写作实践训练的方法有很多种，最常见的实践训练方式有：阅读札记和写日记。阅读札记是和阅读结合在一起的，可以通过积累经典作品的好句好词，挖掘精华内容，提升对文章和字句的鉴赏能力。写日记是一种日常训练，将自己身边的所见、所闻、所感记录下来，促使自己去接触生活、挖掘生活中的素材，提高表现生活的能力，激发写作的兴趣，培养写作的习惯，最终达到提高写作能力的目的。

| 练一练 |

以对周围的生活、学习的体会为内容，每周至少完成一篇日记，并以小组为单位，进行相互分享点评。

要求：(1)日记的主题尽量集中，尽量避免流水账式的书写；(2)日记点评重在练笔，点评时以鼓励为主。

思考与练习

1. 为什么说在现代社会中，写作是人人都必须具备的一项技能？
2. 简要谈谈写作应该具备的核心能力。
3. 如何理解写作的含义和作用？
4. 以“我的大学生活”为题，完成一篇作文。

项目二　写作的过程

写作过程涉及“为何写”“写什么”“怎么写”“如何写”的问题，是写作主体要运用综合能力对各种材料进行搜集，对主题进行提炼，对作品进行构思，对语言进行打磨，对文本进行修改的过程。

学习目标

1. 了解写作的基本过程，明确写作过程中需要完成的任务。

2. 掌握写作特点、写作孕育、写作表达阶段中的关键要素，把握写作的完整过程。

3. 了解材料搜集的作用和方法，养成良好的写作习惯。

知识导图

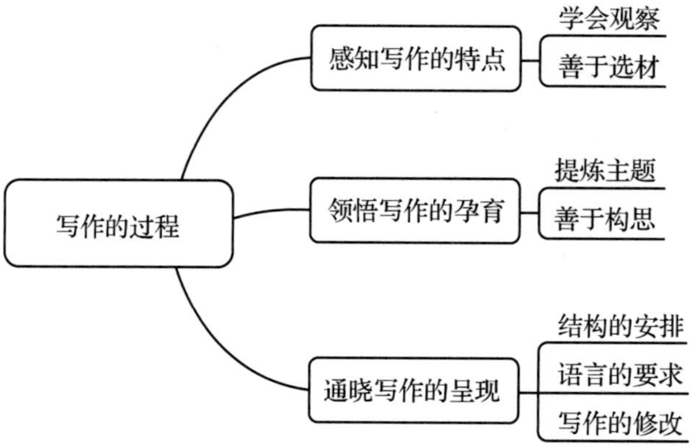

▶任务一 感知写作的特点

说一说

在生活中，一定是用眼睛观察吗？你会用哪些感官进行观察？

一、学会观察

感知写作的特点
——学会观察

写作来源于生活，但是，如果将生活转换为写作就需要培养细致的观察能力。一旦掌握观察的要领，就能够做到眼中有物、心中有情、笔下有神、纸上有字。“此后如要创作，第一须观察。”

（一）观察、观察力的概念和关系

所谓观察，是写作主体凭借自己的眼睛、耳朵和其他感官对客观事物进行有计划的、目的性很强的一种知觉性活动。它是知觉中最为高级的一种形式。

所谓观察力，是人们从事观察活动的能力，其中包括了写作主体的分析思考的过程，是一种思维和智力的活动。

观察是一种有目的性的感官和体验式的活动，是一种生理机能；观察力是建立在感官活动之上的思维和智力的活动。观察力虽然是以观察为基础的，但是还包括多种智力因素，其中，知觉是观察力形成的基础，思维是决定观察水平高低的关键。并非观察和感受的内容越多越好，而是要善于发现别人没有发现的事物，再运用知觉、思维、情感、联想等因素，这样就会具有较强的观察力。

想一想

感官健全和敏锐的人，观察力就一定很强吗？

（二）观察的作用

在写作的过程中，写作主体对写作客体进行观察是写作的第一步，是对写作客体进行察看式的体验活动，写作主体只有亲自体验，才能在下笔时将其所有的情感、观念完整有效地记录下来。

1. 观察是激发写作兴趣的基础

写作是一种艰苦的脑力劳动，曹雪芹在创作《红楼梦》时曾“批阅十载，增删五次”，真是“字字看来皆是血，十年辛苦不寻常”。[①] 写作是一种反复提炼、运思、谋划的过程，写作主体在创作过程中会遇到很多的阻碍，在这种情况下，如果没有浓厚的写作兴趣，是难以完成创作的，而兴趣的培养是建立在对写作客体观察的基础之上。

在写作的过程中，要专心观察事物，做生活的有心人，时时处处调动自己的注意力，用自己的感觉器官以及内心去观察、了解事物的本来面目，然后从中进行“同中求异”或者“异中求同”的鉴别，发现写作的兴趣点，进而展开创作。

2. 观察是传递情感的纽带

写作过程有三个基本要素：所谓现实生活中存在的客观的物、个体主观的思想感情以及由此而产生出来的抒情状物的语言，也就是“物”“情”“辞”。《文心雕龙》言：“情以物迁，辞以情发。”[②]这里所强调的“物”就不单指客观生活中的自然景象，也包括我们生活中的社会景物等。“物”是客观存在的，需要我们观察，并感受其存在性，从而在观察的过程中，甚至只是那一刹那，触发情感。最终，将这种情感体验与感受转化为文字性表述进入“辞”这一阶段。创作的过程中，我们通过不断循环反复的观察，加以情感性的抒发，从而将这种随着环境变化的情绪书写出来，使其成为一种文字性语言描述。

（三）观察的策略

1. 观察对象的典型性

写作前，写作主体要有效地观察事物，从而形成自我认知并表达出来，要善于发掘和发现有代表性的对象、选择事物的典型特征和代表特点进行写作。在写作客体中，

---

① 转引自张文珍：《中国古代通俗小说发展研究》，195 页，济南，山东教育出版社，2016。

② （南朝梁）刘勰著，范文澜注：《文心雕龙注》下，693 页，北京，人民文学出版社，1958。

万事万物都可作为我们描述的对象，但如果想要创造或感受一种美好的生活环境，甚至用语言来塑造更加经典的形象，必定离不开事物本身特有的存在。这就意味着在写作时，选取事物所代表或具有的典型光环格外重要，尤其注意捕捉生活中观察对象的特点，做到眼中有物、心中有言、笔下有句。

鲁迅在《孔乙己》中，对孔乙己有过一段肖像描写："他身材很高大；青白脸色，皱纹间时常夹些伤痕；一部乱蓬蓬的花白的胡子。穿的虽然是长衫，可是又脏又破，似乎十多年没有补，也没有洗。"①这段肖像描写就离不开作者有力的描写和对观察对象特征典型性的把握，又脏又破的长衫其实就表明了写作对象的穷困潦倒的特点，从而突出了孔乙己的迂腐、麻木特点。

写作时要抓住对象的典型性，并有顺序地观察，先有选择地对写作对象进行大体认知，而后观察细节并进行描写。

2. 观察角度的多样化

观察的角度多样化，是指对同一事物从不同的角度进行观察会产生不同看法。由于语境的不同，不同的事物存在多样性，写作主体要善于从不同角度进行观察、思考、剖析，写作才会有更多的新意和深意。例如，就《滥竽充数》这个寓言故事，写一则读后感，如果从南郭的角度分析，可以得出不懂装懂、弄虚作假的结论；如果从齐宣王的角度分析，则可以得出官僚主义、"大锅饭"的弊端等结论。

3. 观察时间的深入性

学生之所以会觉得写作很困难，其中有一个非常主要的原因是生活现象非常复杂，而学生面对这些转瞬即逝的复杂现象时，难以言说，抽出大量时间去做充分的观察更是难，这就要求要有充分的时间去观察。这里所强调的观察时间的充分性指的是要观察透彻，用充分的时间透过现象看本质。

我们所面对的世界是全息的、多维的，事件的发生虽然在时间上不过是短短的几秒钟，但是事件本身是复杂的，包含着多种情境与因素。当我们在用语言描述事件时，实际上等于已经用线性文字叙述了全息事件，事件持续的自然时间虽然是短暂的，但

① 《鲁迅全集》第1卷，458页，北京，人民文学出版社，2005。

是在叙述这一事件时，却需要我们逐一、多维地展开叙述，这样，叙述时间就拉长了。这便是将观察时间转化成“写作时间”，其目的是让学生学会观察与思考，进而在文本中形成“写作拉长时间”。这也在某种程度上解决了无话可说、无话可写的写作问题。

4. 掌握一定的观察方法

写作中常用的观察方法有：比较异同，抓住特征。比较是同类事物之间或两种事物之间的对比，是思维深化的手段。比较有纵比和横比。纵比是同一类事物不同发展阶段的前后对比，可以显示同一事物前后不同的特点。横比是这一事物与另一事物相比，可以显示两种事物之间的差异与特点。在写作观察时，要联系同一事物在不同时间的发展变化，抓住两种事物在同一时间所具有的不同特征进行观察写作，此外还应倾注感情，产生联想。联想是抓住事物之间的某种联系去思考和认识事物的一种方法，由观察眼前的人、事、景而想起和自己经历过的，或与此有关的人、事、景。在观察中要运用已有的知识和生活经验，由此及彼地进行联想，产生鲜明、生动的形象。联想是否丰富，和观察者的感情有着十分密切的关系。观察者只有对生活充满热情、激情，才能发现生活中的美，才能产生丰富的联想，才能不断思考，才能发现本质。人感觉外界的主要途径有视觉、听觉、嗅觉、味觉和触觉。只有对观察所获得的大量的感知材料进行分析和概括，才能认识事物的本质特征，与此同时还要勤于动笔，及时记录。正所谓好记性不如烂笔头。动笔可以强制观察并促使观察、体验更加细致和深入。茅盾在《创作的准备》中说得好：“就应当时时刻刻身边有一枝铅笔和一本草簿；无论到那里，你要竖起耳朵，睁开眼睛，象哨兵似的警觉，把你所见所闻随时记下来……”[①]多记录，将观察体验所得物化于纸上，不仅是积累宝贵的写作资源的好方法，也是积淀灵感的重要手段。

练一练

观察班内的一位同学，写一篇观察笔记，并在班内交流分享。

① 《茅盾论创作》，463页，上海，上海文艺出版社，1980。

二、善于选材

感知写作的特点
——善于选材

写作的过程，就是把材料通过选择和加工，运用语言符号艺术性地呈现出来的过程。材料的选择和加工，直接影响写作文本的质量。如果没有足够的写作材料，作者就会感到力不从心，很难写出好文章；有了足够的写作材料，就有足够的写作基础，作者就能够游刃有余地进行创作。要想写作好文章，首先要从积累材料做起；要想使文章言之有物、言之有理，就必须要有翔实的材料做支撑。

｜说一说｜

在写作过程中，材料、素材和题材之间是什么关系？

（一）材料的含义

所谓材料，是作者为某一写作目的从生活中搜集、摄取并且写入文章的一系列的事实或论据，是作者用来提炼和表达主题的事物和观念。材料包括素材和题材。

所谓素材，是未经过作者加工、尚未提炼的原始材料。它们是感性的、零散的、不系统的。

所谓题材，是经过作者加工、提炼后，对表现主题有用，并被写入文中的内容。

综上所述，材料是素材和题材的总和。无论是从生活中搜集和积累，还是未写入文章，但已经进入作者视野的一切事实现象和理论依据，诸如人、事、物、景、情、理等都可以充当材料。章学诚在《文史通义·文理》中说：“夫立言之要在于有物。”①文章写作要“言之有物”，“物”就是指材料。没有充分的材料做基础，文章就会空泛，缺乏生命力。

材料的重要作用主要表现在以下几个方面。

---

① (清)章学诚：《文史通义》，82页，上海，上海书店，1988。

第一，材料能够激发写作动机。写作动机是写作的原始力量。写作主体往往在某种机缘巧合之下，受到某些材料的刺激而产生写作欲望，将其诉诸文字。鲁迅在日本留学期间，因看到国人围观同胞斩首示众的幻灯片，痛感国民性的愚弱，愤而弃医从文，同时，这种冷漠的“看客”的形象也成为鲁迅作品的经典形象。

第二，材料是主题的重要组成部分。主题是文章的灵魂，材料是文章的血肉。主题的产生源自写作主体对材料的搜集、剖析和感悟。在文章中，主题不是孤立存在的，必须通过一定的材料进行佐证或辅助，只有具备了丰富的材料，文章的主题才能得到升华。

第三，材料制约着文章的结构。文章的结构是对材料的组织和安排，反过来材料又对文章的结构产生影响。例如，以小说为例，如果是长篇小说，就需要很多的材料，对人物塑造和故事情节的铺陈进行支撑，比较复杂；如果是短篇小说，篇幅比较小，就不需要很大的框架。

（二）材料的选择

1. 选择真实的材料

真实是文章的灵魂，真实的材料是文章具有说服力和感染力的保证，也是文章主旨坚实可靠的基础。刘勰在《文心雕龙》里提出写文章要“事信而不诞”。“事信”即材料真实可信，“不诞”即不荒诞。材料的真实性指的是，作者所选的材料呈现要符合客观实际，非随心所欲虚构杜撰之事。刘熙载明确地把“失实”列为写作文章的七戒之一。只有真实的材料，才能获得读者的信任。当然，有人可能要说“小说的材料是虚假的”。的确，虚假性是小说的艺术特征之一，但是这种艺术性的“假”是建立在生活现实“真”的基础之上。例如，《西游记》中的人物形象大多是虚构的，但是这些人物形象在现实生活中都有迹可循。

2. 根据文体进行选材

文体的辨析是写作选材的重要环节。由于不同文体的性质不同，选材的要求也不同。如果对文体的特点和要求理解不足，在材料运用过程中就会出现问题，进而影响写作效果。

以论说文为例，论说文重在表达思想观点、立场倾向等，在选材上，只叙述不描写；只截取局部环节、不概括事情的来龙去脉；在论说文写作的过程中，虽然可以有多种材料，但这些材料应该是性质不同、类别不同的材料，这样才能增加文章的说服力。例如，《怀疑与学问》一文，既有名言材料，又有事实材料，还有戴震幼时质疑《大学》中的人物材料。如果在论说文选材时无视文体特征，总想详细而完备，就会改变论说文的性质，变成“四不像”文章。

3. 根据主题选择主次材料

夏丏尊、叶绍钧说过：“一件事物的事项，可以多至无限。所以，材料不愁没有，问题只在怎样判别，怎样取舍”，“材料的判别和取舍，完全要看文章本身的意味如何。文章本身的意味就是决定材料的标准”。[①] 取舍的标准就是如何用精当的材料把主题表现得更加充分、突出、深刻。需要注意的是，对表达主题起主要作用的要详尽叙述或者详细描写，其他材料则是简略阐述。例如，《再塑生命的人》写了“我”作为残疾儿童艰难成长的一段故事。文章的主材有三件事：一是第一次与莎莉文老师会面，二是跟老师学布娃娃“doll”这一单词，三是学习单词“water”经历了波折而彻悟。其余描叙都是辅材，属于略述对象；还有些辅材甚至隐而不述，如生活的琐事、身世的浮沉、家庭的环境等，只字未提。因为这篇文章的主题是“教育”，或者说是“生命启蒙”，故而围绕这一主题考虑文章材料的取舍和详略。

夏丏尊曾说：“材料本身有大有小，但写入文章里去，大的并非就是重要的，小的并非就是不重要的。仅只荆棘中的‘铜驼’可以表出国家的灭亡，仅只镜中的‘白发’，可以表出衰老的光景。任何微小的事项，只要运用得适合，就会成为很重要的材料。”[②]因此，并非重大事件才能恰当地表现主题，选材用材的适合性，应当由文章主题、文章语境而定。

4. 根据文章需求进行多层次选材

多层次选材，指的是选材切忌单一、贫乏，还应该根据主题的需要选择丰富性和

---

① 夏丏尊、叶绍钧合编：《国文百八课》第1册，112页，北京，人民教育出版社，1985。
② 夏丏尊、叶绍钧合编：《国文百八课》第1册，113页，北京，人民教育出版社，1985。

典型性的。

经典的作品是用多则材料说明论点或对一则材料的不同侧面进行叙述、描写，发掘其不同的意义。这样，文章才会富有丰厚感和立体感。例如，《说与做——记闻一多先生言行片段》专注于引用闻一多本人的言行材料，这些材料简化为一个“做”、一个“说”，立体展现了闻一多的学者形象和民主斗士形象。

材料除了丰富性以外，还要注意典型性，只有典型材料才最有说服力和表现力。毛泽东说过：“材料是要搜集得愈多愈好，但一定要抓住要求或特点(矛盾的主导方面)。”[1]典型材料能够深刻揭示事物本质、具有代表性，典型材料体现具体性和普遍性、个性与共性的统一，这样才有可能收到最佳的表现效果。

| 想一想 |

认真阅读文章《拥有一颗平常心》，思考以下问题：文中的材料是否运用得当？在材料的运用中有哪些问题？如何修改？

《拥有一颗平常心》

▸任务二 领悟写作的孕育

领悟写作的孕育
——主题构思

一、提炼主题

“文之思也，其神远矣”[2]，意为写文章之前要认真思考，确立主题，这样才能更好地揭示人物的内心、凸显事物的本质，体现时代精神，作品的精神才能流传得更为广泛。主题是否正确、是否深刻，是判断文章价值的依据。因此，选好主题是写好文

① 《毛泽东文集》第2卷，382页，北京，人民出版社，1993。

② (南朝梁)刘勰著，范文澜注：《文心雕龙注》下，493页，北京，人民文学出版社，1958。

章的关键点。

说一说

1. 主题是否等于论述的问题？

2. 主题是否等于写作的内容？

3. 主题是否等于标题？

（一）主题的内涵

“主题”的概念最初出自希腊，是音乐术语，即“乐曲中的主旋律”。后来使用范围逐渐扩大到文艺创作领域，人们把各类艺术作品中所包含的主要思想称为主题。例如，一幅画、一段舞蹈、一篇文章都有主题。

我国古代文论中没有“主题”这个概念，但有很多与“主题”概念相似的词语，如“主脑”“主旨”“意”等。南北朝时期的文学理论家刘勰在《文心雕龙 · 神思》中说：“意授于思，言授于思。”[①]明末清初文学家、戏曲家李渔在《闲情偶寄》中说：“古人作文一篇，定有一篇之主脑，主脑非他，即作者立言之本意也。”[②]这里的“意”和“主脑”就是作者在作品中所传达的主要思想、主要情感，其含义类似现在的主题。

主题的性质比较复杂，有的文章主题关涉政治思想和观点评价等；有的表现出某种情绪、情感；有的表现出某种情调和趣味，带给人审美愉悦感；也有的旨在传播某种知识和信息。

主题的概念可以概括为：写作主体根据文章的具体材料进行结构书写所表达出来的基本观点或思想感情。虽然，由于主题概念的宽泛性，在不同语境中对主题的解释不尽相同；但是，主题在文章中具有决定性的地位，主题对于材料、结构和语言等其他写作要素也具有制约作用。

---

① （南朝梁）刘勰著，范文澜注：《文心雕龙注》下，494 页，北京，人民文学出版社，1958。

② 《李渔全集》第 3 卷，8 页，杭州，浙江古籍出版社，1991。

在把握主题的过程中，需要注意以下几点。

第一，一篇文章有且只有一个主题。“作文之事贵于专一，专则生巧，散乃入愚”[①]，也就是说，文章的主题要集中，切忌过于分散。很多人在写作过程中，容易跑题，那是因为其文章包括多个思想主题，以至于越写越散，写到最后不知道自己最终想表达什么意思。因此，只有贯穿全文的基本思想，才是文章的主题。

第二，把握不同文体的主题类型。文体不同，主题的类型也不尽相同。在论说文中，它是作者对某个问题的观点和看法。在写人叙事的散文中，它是对某个人或某件事的陈述和记录。在应用文中，它往往是对某个问题、某项工作所提出的实施方案、计划总结、指导原则等。

第三，区分标题和主题的关系。标题不是主题，但和主题关系密切，可以很好地为主题服务。有时标题等于主题，直接表达作者的观点和看法。有时标题只是引线，主题隐匿在文章中。主题是文章内容的意义，一经确定就难以更改，而标题在文章语言、结构、内容不变的情况下，可以更改。

（二）确立主题的标准

从写作角度而言，确立主题应当做到明确、集中、深刻、新颖。

1. 明确

主题明确指的是，一部作品要有正确鲜明的思想，既不能颠倒黑白，也不能含糊不清。正确的主题能够概括和揭示事物的客观规律，有助于人们提高认识、陶冶情操、增长知识；错误或者不健康的主题则会腐蚀人们的思想，把人引入歧途。文章有了正确的主题，才具有社会意义，才能在实际工作中发挥作用。

主题的确立与作者的认知水平、人格修养、生活的理解能力有密切的关系。由于思想意识不同、认识生活的能力存在差别，不同的人对同一件事情会产生截然不同的看法，反映在文章中，就会有不同的主题。

因此，要确立正确的主题，作者必须努力提高自己的思想水平，树立正确的人生观和世界观，掌握科学的思想方法，提升自己认识生活和理解生活的能力。

---

① 《李渔全集》第 3 卷，23 页，杭州，浙江古籍出版社，1991。

2. 集中

刘熙载在《艺概》中说："主意要纯，一而贯摄。"[①]文章的主题要凝练、单纯，这样才能具有突出、鲜明性。魏际瑞在《伯子论文》中说："文主于意，而意多乱文。"[②]写作过程要避免阐述很多思想主题，主题杂乱，容易顾此失彼；主题冗长，也容易造成主次不分，影响文章的表达效果。只有主题集中，才能突出文章的思想意图，便于读者掌握和理解。

要做到主题集中，就要突出重点，详略分明。很多人在写作时都会遇到这样的问题：生活中可写的东西太多，但是一旦面面俱到，就容易掩盖主题。因此，在写作时，要将突出主题的地方详写，写得充分、具体，给读者指示主题所在的方向。对于有些看似不错但是与主题无关的材料，务必割舍掉；对于那些与主题关联不大，但是不写读者就不明就里的材料，可以略写。这样方能做到突出主题、详略分明。而对于叙事性的长篇文章，可能出现副主题，但副主题往往围绕基本主题展开，依然要以作品的正主题为中心。

3. 深刻

主题的深刻性是指文章的主题要有思想深度，能够抓住问题的要害，透过现象揭示事物的本质及其内部规律，进而挖掘出事物的深层意蕴。如果文章的写作只停留在表面，或者只重复着"他人"的观点，就不能写出"见人所未见，发人所未发"的优秀作品了。李翱在《答朱载言书》中说："故义深则意远，意远则理辩，理辩则气直，气直则辞盛，辞盛则文工。"[③]由此可见，深刻的主题是"理辩""气直""辞盛""文工"的文章的基石，深刻的主题能带给文章强有力的生命力。

深刻的主题不是抽象的理论或凭空拔高的产物。一方面写作主体通过小而个性鲜明的具体材料，挖掘出最具有思想价值和本质意义的主题；另一方面写作主体应独具慧眼，深入思考。一篇文章的主题深刻与否，往往与写作主体对生活认识和思想的深浅度有关。元人陈绎在《文说》中引用戴师初的话说："凡作文发意，第一番来者，陈言

① (清)刘熙载撰：《艺概》，182 页，上海，上海古籍出版社，1978。
② 转引自朱世英、方遒、刘国华：《中国散文学通论》，389 页，合肥，安徽教育出版社，1995。
③ 周绍良主编：《全唐文新编》第 3 部第 3 册，7173 页，长春，吉林文史出版社，2000。

也，扫去不用；第二番来者，正语也，停止不可用；第三番来者，精意也，方可用之。”[①]意思是，第一次想表达的立意，一定是粗浅鄙陋的，直接扔掉；深度剖析之后第二次得出来的立意才是正解，但也不能用，必须再次深挖，才能得到精练的立意，才能得到前人没有发表过的言论，这样的立意才能拿来用。写作主体只有对生活进行细致的观察，对材料进行反复思考和深入挖掘，才能从中提炼出引人深思的思想感情。

4. 新颖

李渔在《闲情偶寄》中说：“新也者，天下事物之美称也。而文章一道，较之他物，尤加倍焉。”[②]要想使文章不落俗套，有独到之处，主题就要新颖。

评价主题是否具有新颖性的标准，要看写作主体认识事物的角度是否独特，只有打破思维定式，多角度思考问题，善于反向开掘，这样的主题才能具有“见人所未见，发人所未发”的意蕴。例如，面对“梅花”，陆游发出“无意苦争春，一任群芳妒。零落成泥碾作尘，只有香如故”的感叹；王安石则写出“遥知不是雪，为有暗香来”的清雅气韵；毛泽东则抒发出“待到山花烂漫时，她在丛中笑”的豪迈胸怀。他们三人取材相似，立意却各有千秋。由此可见，选好角度，主题可以出新。

主题要新颖，还要顺应时代特点。文章是社会意识形态的产物，只有反映社会和现实生活，具有浓厚时代气息的主题，才更容易引起读者的共鸣，在社会上产生一定的影响力。

因此，要求写作主体在创作的过程中，善于从平凡中发现伟大，从普通事物中洞见本质意义，认真钻研思考，才能获得自己的真知灼见。

（三）提炼主题的方法

文章主题的确立支配着写作的全过程，是写作的重要环节。主题不是凭空生成的，主题来自生活，是作者对要反映的生活不断地分析、研究、认识和感受的结果；是作者在搜集大量生动、感人的材料的基础上，对材料进行去粗取精、由表及里地改造制

---

① 转引自阎景翰主编：《写作艺术大辞典》，199～200页，西安，陕西人民出版社，1990。

② 《李渔全集》第3卷，9页，杭州，浙江古籍出版社，1991。

作，将感性认识上升为理性认识的过程。从主题的获得过程来看，提炼主题应该把握以下几点。

1. 从平凡的素材中追求思想的深度

主题的提炼来源于生活，一方面写作主体要善于从平凡的人和事当中，去寻找问题，寻求感悟，从中提炼出好的主题；另一方面，对写作对象的分析不能流于表面，要能够由表及里、去伪存真地纵深开掘。事物的意义总是有一定的层次性，提炼主题就是要发掘其蕴含在事物内部的本质。

2. 选好表现主题的角度

提炼和确立主题有一个选择角度的问题。角度选好了，就能准确地反映事物的本质，有效地表现对象的深层意蕴，巧妙地体现作者的写作意图。当然，角度不是固定不变的，同一则材料，作者从不同的写作意图出发，从不同的侧面开掘，就会提炼出不同的主题。

3. 掌握科学的思想方法

文章的主题都是作者在对生活的体验、对材料的分析基础上提炼出来的，这种提炼的过程是写作主体的认识由感性到理性的升华过程，只有在科学方法的指引下，才能有所发现。最常见的方法有以下几种。第一，比较分析法。比较分析法是指运用比较、分析的方法对两个或两个以上对象之间的异同点以及发展趋势进行比较，以得出规律性认识的写作方法。比较分析法是抽象思维的基本方法，也可以运用到主题提炼中。写作主体在提炼主题时，通过比较，认识事物之间的异同点，摒弃一般化、平庸的主题，进而选择独特见解的主题。第二，逆向思维法。逆向思维法要求写作主体要突破思维定式和从众心理，反其道而行之，找出最佳角度，挖掘新的立意。例如，韩非子提出“古之全大体者……不吹毛而求小疵”[①]，“吹毛求疵”一直被认为是故意挑剔别人的缺点。如果提出一个相反的立意：全大体者必须求小疵。在这里“吹毛求疵”不是故意挑剔，而是办事精益求精、注意细节。需要注意的是，利用逆向思维法立意，应当在一定的语言环境或者特定的社会背景中进行，并且遵循客观规律，不要不加分

① 陈奇猷校注：《韩非子集释》上册，512页，上海，上海人民出版社，1974。

析辨别就将其当作真理。第三，抓关键词句，提炼中心法。这种方法主要针对材料作文，通过找出材料中的关键词句，作为选择立意的突破口，进而提炼出材料的中心主题。关键词句往往是命题者或材料中的人物的评议性语句。

确立主题的方法是多种多样的，在使用这些方法时也不能将其当作教条生搬硬套，而应该相互结合，共同为提炼主题而服务。

| 练一练 |

分析下列材料，提炼出几个不同的主题。

朱泙漫喜好剑法，总想练就一身独步天下的绝技。他听说有个叫支离益的人擅长屠龙之术，便赶去拜支离益为师，立志将这种人间稀有、世上少见的剑法学到手。他苦学苦练了三年，倾家荡产也在所不惜。终于，他的屠龙剑术已达到炉火纯青的地步。他便辞别了老师，开始仗剑闯荡江湖，希望显姓扬名。然而他四处寻觅却找不到一条龙的影子。其所谓一身绝技，最终也没有任何用武之地。

二、善于构思

写作构思，是一种创造性的思维活动，是升华认识、疏通思路、厘清材料、设计文章的必由之路，它能充实文章的思想内容与艺术魅力的容量，加深立意的深度，寻求最佳的表现方法，提高文章的表达效果。构思的方法有以下几种。

（一）发散型构思

发散型构思，就是写作主体有目的地以一个需要解决的问题为基点，向四面八方扩散，从各个方面、各个角度去思考，使信息沟通和联结起来，创造新的形象或新的理念。写作主体在写作的过程中，不能将思维局限于某种固有的模式，这样会导致写作思路狭窄，限制创造力的发挥。我们应该突破封闭的思维圈，把单项构思变成向四周扩散的多项构思。

发散型构思能帮助写作主体多角度地考虑问题，举一反三，打开思路，但最终新的形象或者新的理念的形成，还有赖于通过比较、分析、修正、重组等方式，选择一种最优的写作方案。

发散型构思有利于创造性的写作活动。只有想象力得到极大的开发，我们才能把日常生活中的东西写得光彩照人，把单调的事情写得平中见奇。

（二）收敛型构思

收敛型构思，就是集中、回拢构思的对象性客体，经过筛选，摒弃与构思目的无关的信息，将有关的主要信息进整合。

（三）分析与综合

分析指的是把事物分解为各个属性、部分和方面，并对其研究和表述的方法。分析是达到对事物本质认识的必要过程和手段。分析必须做到对事物进行全面的分析、历史的分析和具体的分析。

综合指的是与分析相反的思维方法，是把分解开来的各个属性、部分和方面再综合起来进行研究和表述的思维方法。这两者是既互相对立、又互相统一的构思方法。

（四）归纳与演绎

归纳指的是由个别到一般的构思方法，就是从个别事实中概括出一般性结论、原理。归纳必须建立在大量的个别事实的基础上，没有充足和可靠的事实不可能通过归纳得出一般的科学结论和原理。

演绎与归纳相反，它是由一般到个别的构思方法，即用已经知道的道理作为论据来证明个别性论点。

| 练一练 |

以“桥”为题，设计几个不同的主题，并选择其中一个主题完成一篇 800 字左右的文章。

▶任务三 通晓写作的呈现

通晓写作的呈现
——结构的安排

如果说主题是文章的灵魂，材料是文章的血肉，那么，结构就属于文章的骨骼，语言则属于文章的外衣。主题和材料解决的是“写什么”的内容问题，结构和语言解决的是“如何写”的形式问题。

一、结构的安排

（一）结构的内涵

文章结构是文章的组织和构造，能够依据写作目的和表达的需要，正确反映文章各个材料之间的规律和内在联系。它是写作主体表达思想、反映客观事物的主要手段。

文章结构包括内部结构和外部结构两种基本形态。内部结构是文章内在的逻辑关系，其主要构成是作者思路与文章线索。外部结构是文章的外部存在形式，其主要的结构方式是：按时序、按空间或者两者交错的时空结构；以人与事、因与果构成的情节结构；以认识的发展、情感的变化和意识流动为核心的心理结构；以场景剪辑来安排材料的蒙太奇结构；以总分式、并列式、递进式等逻辑关系支撑的思辨结构；以特殊的文体格式、程序规范规定的程式化结构等。

（二）结构的原则

不同的文章，结构不尽相同，正所谓“定体则无，大体须有”，虽然没有一成不变的结构形式，但是文章的结构还是有一定的原则和规则可遵循。

1. 整体性原则

文章结构必须符合总体的完整与统一，首尾整合，通篇一体的安排。各部分之间的比例合理，切忌出现 “头重脚轻”或者“虎头蛇尾”等结构问题，各段落之间具有内在的逻辑必然联系。这样才能保证结构的整体性和严谨性。

评一评

所谓“头重脚轻”是指开头内容很多，中间阐述潦草，结尾匆匆收束的结构问题。

2. 文体性原则

文体性原则就是指要遵循文章的写作规律。诗歌有诗歌的韵律、结构和表达特点；记叙文有记叙文的类型、结构和表达方式；议论文有议论文的体式和写作规律……如果在写作时，不考虑这些文体的特点和要求，写出来的文章就容易不伦不类。因此，在写作过程中，要熟悉文体特点，在安排文章结构时要适应不同的文体要求。当然，有时候不同的文体在结构上也可以互相沟通。

3. 需要性原则

文章的结构应该根据表达主题的需要，进行精心安排。如何划分层次、段落，怎样安排开头和结尾，如何安排过渡和照应等，都要从是否有利于表现主题出发进行考虑。否则，文章的结构、布局就失去了准绳，很难达到严谨缜密的效果。

文章的写作是一个双向建构的过程，要求作者有自觉的读者意识。不同读者的阅读需求也会影响着文章写作的结构方式。

（三）结构的组合

如何按照结构的原则，有顺序地把材料组织成文，是一个复杂而精细的过程。一篇文章的结构安排包括层次和段落，过渡和照应，开头和结尾，主次和详略。

1. 层次和段落

层次和段落是文章结构的主要部件，它们反映的是文章的思路。层次是体现文章内容的内在逻辑关系的结构概念。段落主要体现文章外在表现形式的结构概念。

所谓层次，是文章内容展开的步骤，是事物发展的阶段或事物的各个侧面。写作主体在结构布局过程中，要把一堆杂乱无序的材料组成一篇井然有序的文章，需要对先后写作步骤进行一个总体设想。这个设想体现了作者的写作思路和文章内容展开的逻辑顺序。层次在内容上相对独立，是相对完整的意义单位，因此在某种意义上，也被称为“意义段”。

层次的划分必须遵循事物与认识的客观规律，必须体现一定的逻辑关系，要前后有序，条理清楚，可以按照事物发展的时间、空间、功能和特征进行层次安排。

一般初学者在写作安排层次时，容易出现以下问题。一是安排层次的标准不统一，他们在写作过程中既不是按照纵式结构，即按照时间的推移、事件发展的先后顺序或者写作主体思想感情的变化过程安排层次，也不是按照横式结构，即空间位置的转换、人物性格特点与思想品格的各个侧面、事物功能和性质的类别安排层次；甚至不是按照纵横交错式结构，即时间推移结合空间转换，递进式说理和并列式说理相结合等方式来安排层次。而是一种跳跃式、无章法的结构，整个结构标准不一致。二是安排层次时没有展现文章发展脉络的逻辑必然性，或缺失或颠倒，造成文章结构布局和内容的混乱。三是安排层次没有做到详略得当、主次分明，让读者抓不住要点。四是各层次没有关联性。因此，在层次结构的把握方面，要避免以上问题。

|练一练|

阅读文章《约君切勿负初心》，将作品层次思路厘清。

《约君切勿负初心》

段落，也就是“自然段”，是文章思想内容在表达时，由于转折、间歇、强调等情况造成的分隔、停顿，是构成篇章的最小单位。

设置段落是为了使文章的层次结构更加清晰。如果将一个内涵比较复杂的层次分成多个段落书写，就能更清楚地表示其中的承接、转折、强调、补充等逻辑关系。

段落的安排容易出现以下几方面的问题。一是段意比较分散。一个段落内包含的内容太多，不能集中表达一个意思，因此要注意把意思表达完整，否则容易造成混乱；如果一个段落被硬分成几个段落，就会支离破碎。二是长短不一。段落的篇幅要长短相间、配合恰当。段落过长，内容繁多，会让人眼花缭乱，造成阅读困难；段落过短，不便于把意义表达完整，给人以零碎的感觉。三是段意缺乏连贯性。段落与段落之间缺乏内在联系和逻辑关联，每个段落都是文章的一个有机组成部分，因此可以通过多种连接手段，如重复关键词、使用关联词等，将段落串接起来。

2. 过渡和照应

过渡和照应，是体现文章前后逻辑、通顺自然的重要手段。要想写出层次分明、衔接自然、浑然一体的文章，就要掌握和运用好过渡和照应。

过渡是段落之间或者层次之间转换的一种衔接形式或手段，在文中起着承上启下的作用，使相邻层次或段落之间上下连贯，前后衔接，过渡顺利。

优秀的文章会在各个部分之间给出明确的关系、一种方向感，每一句不仅能为前文做好铺垫，也能为后文打下基础。

一般情况下，从一层意思转换到另一层意思时都需要过渡；表达方式出现变化，比如由叙到议或者由议到叙时需要过渡等。过渡的形式有暗渡和明渡。暗渡是无明显标志的过渡，主要依靠层次或段落之间的内在逻辑关系来过渡。明渡则需要明显标志的过渡，具体要注意以下两点。一是准确地使用连接词(如“所以”“因此”)。连接词通常放在句子的开头或者开头附近，为读者指示方向。连接词不仅能将多个句子联系起来，还能把多个句子合并为一个句子，避免简单句的堆积。例如，“小黑在考试的途中救了一个人。他没能参加考试。他并不遗憾”，可以合并为：“小黑在考试的途中救了一个人，所以他没能参加考试，但是他并不遗憾。”需要注意的是，插入连接词要注意意思表达应清楚，不能误用连接词。二是准确地使用指示词(如“这个”“这样的”)。指示词是指向前一个句子中的某个概念。需要注意的是，要谨慎使用指示词，避免出现指代不明的错误。

照应是指文章前后内容之间的彼此关照和呼应，即前文提到的内容，后文要有呼应；后文写到的内容，前文要有交代。

常见的照应方式有以下几种。一是文题照应。好的题目是文章的窗口，能窥见文章的主题和内容。文中处处照应题目，能够使文章的主题得到很好的体现，也能避免跑题和偏题情况。二是首尾照应。开头和结尾遥相呼应，能使全文连贯统一。三是前后照应。文章前有伏笔，后有回应，既能表现出情节的曲折性，又符合逻辑关联，达到引人入胜的戏剧效果。四是设定关键词。好的关键词的使用，能使读者对主题形成合理的认识。马丁·路德·金在《伯明翰监狱来信》的第一段使用了三次"回应"、三次"批评"、两次"声明"，但是没有单调重复的感觉，这些关键词让文章更加连贯，前后照应。五是换种说法复述。也就是说，为了将文章各部分有效地连接起来，推动文本前进，应当避免思维跳跃和缺乏铺垫地引入新概念，可以在复述的同时加入新元素，将文本衔接起来。需要注意的是，复述不是单纯重复，而是要改变形式，言之有物。

3. **开头和结尾**

文章的开头和结尾是整篇文章的重要组成部分。李渔曾言："开卷之初，当以奇句夺目，使之一见而惊，不敢弃去，此一法也；终篇之际，当以媚语摄魂，使之执卷留连，若难遽别，此一法也。"[①]好文章的开头和结尾能够体现文章的结构艺术，也能吸引读者的好奇心。

开头是文章的开端，即"起笔"。好的开头能够吸引读者，使之对文章产生浓厚的阅读兴趣。

不同文章的开头方式各不相同，但大致可以归纳为以下两大类。一是"开门见山"式，即文章开头就直接对人物、事件等写作对象进行直接叙述、议论或者说明，或直接揭示中心主题。例如，托尔斯泰的《安娜·卡列尼娜》——"幸福的家庭都是相似的，不幸的家庭各有各的不幸"，开头两句就拉开序幕。二是"曲径通幽"式，即以写作目的或写作环境为切入点引出人物或事件，或设置悬念吸引读者，或抒发感情渲染氛围，或委婉阐述道理。通过峰回路转的方式，吸引读者一步步走进作品，如莫泊桑的《项链》——"美丽，有时候反而害人不浅"。

开头的基本原则如下。一是切合主题的原则。无论是"开门见山"式还是"曲径通幽"式的开头，都要考虑符合主题的需要，文章的开头应具有一定的指向性。如果开头偏题了，后面就会离主题越来越远。二要具有吸引力。好的开头能够激发读者的阅读期待，吸引读者读下去。三是要定调，即确定全篇的基调。开头的基调定准了，全篇的基调才能保持和谐统一。

---

① 《李渔全集》第3卷，64页，杭州，浙江古籍出版社，1991。

结尾是全文所叙写事物的结局和收束。南宋文学家洪迈说："一篇之妙，在乎落句。"[①]结尾的好坏直接关系到文章的成败。一个生动、余味无穷的结尾可以增强文章的表现魅力，反之，则会产生缺憾之感。

理想的结尾方式：行文流畅，自然收束；总结全文，揭示主题；畅想未来，鼓舞斗志；抒发情怀，增强感染力；语意含蓄，余味无穷。

结尾的基本要求如下。一要自然收尾。好的结尾是文章内容发展的必然结果，是结构的有机组成部分，因此要行文自然，不能画蛇添足，给人生硬的感觉。二要点明题旨。结尾应该归拢全文的主题思想，升华作者的感情，不能给人匆忙结束的感觉。三要含蓄有味。如果文章的结束能带给读者想象和思考的空间，就能达到"言尽而意不尽"的效果。

4. 主次和详略

主次和详略要根据文章主题的需要确定，即与主题关系密切的内容要详写，与主题关系小的要略写，篇幅要精练。详写时要展开论述或者描写，略写时要敢于舍弃不必要的内容。这样才能使文章主题鲜明，重点突出，结构紧凑。

主次和详略要符合文体特征的需要。不同的文体对主次详略有不同的需求。议论文重在说理，因此，论证和剖析的部分要详细写，引用例证的地方要略写。记人叙事的散文，就要侧重描写人物的活动、心理、语言以及事物的发展变化等。

主次和详略要注重阅读群体的需求。也就是说，主次和详略的安排要考虑读者的年龄特征、理解能力等要素，在不影响文章主题表达的情况下，对文章的主次和详略的内容进行调整和必要的删减。

《坚定信念　不忘初心》

| 说一说 |

阅读文章《坚定信念　不忘初心》，说一说这篇文章在主次详略的安排上存在什么问题。

---

① （宋）郭知达编：《九家集注杜诗》中册，陈广忠校点，538页，合肥，安徽大学出版社，2020。

二、语言的要求

语言是文章内容、结构的外在表现的载体，是文章最基本的材料。一个人语言表达能力的强弱，很大程度上决定了文章水平的高低。因此，提高语言素养，掌握语言表达的技巧，是写好文章的基本功。

通晓写作的呈现
——语言的要求

（一）适应文体

由于表现手法、功能目的、意蕴旨趣的不同，不同文体的文章对语言的要求也不一样，所表现出来的语言风格也各不相同。一般而言，文学文体的语言带有较强烈的主观色彩，优美、凝练、诗化，运用“变形”的词句表达人物或者事物的特征，运用多种修辞手法调动读者的想象等；论说文的语言特征是用词单一、透彻，句式多用陈述句和判断句，概括性、逻辑性、思辨性较强，准确严密、鲜明犀利；应用文的特征是准确、简明、程式化，用词比较专业，句法严格，结构规范，一般较少使用比喻、夸张、拟人等修辞手法。如果在写作过程中，不能遵守所写文体的语言规范，就容易造成表达的混乱，影响读者对作品的阅读感受。例如，一篇应用文若大量运用文学笔法，语言夸张雕饰，就会引起很多误会。

（二）合乎语法、 语境

语言是人们在长期运用过程中形成的约定俗成的习惯，是一定范围的群体共同遵守的规范和准则，具有传递信息、交流思想、承载传承文化的功能。

要想写出准确、规范的语言就要掌握现代汉语的语义和语用的法则，否则，就容易写出不合乎语法规范的文句。当然，在文学作品中会出现背离常规语法但是贴合语境的文句。例如，诗歌中的很多语言不符合常规语法，却能营造出一定的意境——“红了樱桃，绿了芭蕉”，按照常规语法应该是“樱桃红了，芭蕉绿了”，但是按照常规语法规范来看却失去了语言的审美特性，因此，在写作过程中，既要符合语法也要符合文本语境。

随着社会经济的快速发展，新的事物、新的观念、新的词语也在大量涌现。创新语言是激发语言生命力的表现，但是也要把握好语言传承和创新之间的关系，让语言在规范中创新。

（三）精心选词

福楼拜说："不论一个作家要描写的东西是什么，只有一个词供他使用，用一个动词使对象生动，一个形容词使对象的性质鲜明。"[①]选词就是要找到唯一的、最贴切的词，准确恰当地表达思想和描绘形象。精心选词的要求就是力求准确、鲜明、生动。

1. 准确

用词准确就是尽可能选择能够反映客观事物及思想感情的词语。抓住事物的主要特征，正确地反映事物的本质。王安石写过"春风又绿江南岸，明月何时照我还"这样的诗句，选择"绿"字是颇费了一番心思的。他在开始写的时候用的是"到"字，后来觉得不好，就又改成了"入"字，后来改为"满"字，改来改去都不是很满意，最后才确定用"绿"字。"绿"字不仅表现出了景物的变化过程，而且表现出了景物的特征，作者触景生情，于是浓烈的思乡之情跃然纸上。

用词准确就是分清近义词含义的细微差别和注意分辨语言在色彩上的差别，分清词的使用范围和语法功能等。在写作过程中，写作主体一定要仔细体会、正确使用词语，如果运用不当的话，就会影响表达，甚至会闹笑话。

2. 形象鲜明的诗化语言

形象鲜明指善用新词，不落俗套，能给人新奇的感觉。一般来说，动词、形容词是最富有表现力的。形象性的具体词语一般比抽象概念更能感染人。例如，鲁迅的《故乡》："便飞出了八岁的侄儿宏儿"，一个"飞"字写出了儿童的灵巧敏捷；王勃的《杜少府之任蜀州》："无为在歧路，儿女共沾巾"，直接写人哭哭啼啼就不如写用帕子擦眼泪表达效果好；朱自清在《春》中这样写："树叶子却绿得发亮，小草也青得逼你的眼"，用"绿"和"青"两种颜色写树叶和草，让人从这两种颜色上就感觉到了春天的气息，继而联想到现实世界中春天的色彩，脑海中就出现了形象化的春天，品味到了春的含义。

有的优秀文章会打破一般语法规律，形成一种诗化语言和美学语言，这种语言往往是对生活语言做变形，呈现出语言的创新特点。

（四）善于炼句

写好文章不仅要讲究选词，更要讲究炼句，炼句也是锤炼语言的过程中不可缺少的

① 转引自徐明娥主编：《大学语文　写作概论》，191 页，昆明，云南大学出版社，2001。

一项内容。句子是文章的最基本的单位，句子的好坏直接关系到文章的整体效果，所以要增强表达的效果就要反复地推敲。

好的句子要表达准确。不同的句式、句调在不同的语境中的表达效果不同。从句式上说，有长句、短句、散句、整句、倒装句、省略句、主动句、被动句、肯定句等；从句调上说，有陈述句、疑问句、祈使句、感叹句的分别。因此，在写作过程中，要多研究、多练习。这样才能熟练掌握构造各式各样句子的技能，从而增强语言的表现力。

好的句子要做到言简义丰，也就是节约用字，用最少的文字表现最大容量的内容。在写作过程中，要择其要，取其精，还可以适当用一些成语、典故、歌词、谚语等，这样写既有哲理又不显得啰唆，还丰富了内涵。例如，《后出师表》中“鞠躬尽瘁，死而后已”，仅有八个字，但它所展示出来的赤诚忠心足以感天动地。

好的句子要表达通畅。如果一个句子读起来磕磕绊绊的，不通顺，就是句子表达不通畅。检验句子是否通畅的方法是反复诵读。要想做到句子表达通畅，一般前后相邻的句式要一致。在意义表达独立的句子中，要尽量避免相同字词的重复(排比句除外)。几个单句之间使用相同的字词，就容易造成句子的表达不畅，这时就要把重复的字词加以更改。这样才能使句子之间的表达不冲突，达到和谐的效果。

（五）讲究修辞

语言学家王力说：“修辞是语言美的艺术。”要想提高语言的表达效果，除了掌握语法规范和词句结构规律外，还应该掌握修辞的知识和技能。

修辞，也就是在特定的语言环境中，运用语言材料和表现手法，提高语言表达效果的活动。修辞手法的运用，能勾勒出事物的立体特征，增强语言的形象性；修辞手法的运用，能增强语言的文学性，增强语言的表现力和感染力。例如，丰子恺在《梧桐树》中有这样一段话：

当春尽夏初，我眼看见新桐初乳的光景。那些嫩黄的小叶子一簇簇地顶在秃枝头上，好像一堂树灯。又好像小学生的剪贴图案，布置均匀而带幼稚气。植物的生叶，也有种种技巧：有的新陈代谢，瞒过了人的眼睛而在暗中偷换青黄。有的微乎其微，渐乎其渐，使人不觉察其由秃枝变成绿叶。只有梧桐树的生叶，技巧最为拙劣，但态度最为坦白。[①]

此处，丰子恺运用了比喻手法，将簇顶在秃枝头的嫩黄梧桐小叶比作布置均匀略带幼稚的一堂树灯和儿童剪贴图案，生动形象又贴切。同时，丰子恺将梧桐树的生叶和一般的植物的生叶进行对比，突出梧桐树的生叶拙朴的技巧和君子坦荡荡的态度。

在运用修辞手法时要注意，不能脱离了具体的语言环境，否则修辞就会词不达意或者不得体。另外，好的修辞不是单纯依靠华丽的辞藻和修辞方式铺就而成的，而是讲究适度和得体。好的修辞可以让人心领神会，如果超出了限度，就会使交流的思想愈加晦涩难懂，从而阻碍读者与文本的沟通交流。

| 说一说 |

请将下列材料中，你认为形象生动的词语和语句标注出来，仔细品味其精妙之处，说一说这种语言在文中能起到怎样的表达效果。

1. 这密雨的初夏，因一室的贝壳而忧愁了，那些多色的躯壳，似乎只宜于回响一首古老的歌，一段被人遗忘的诗。但人声嘈杂，人潮汹涌，有谁回顾那曾经蠕动的生命，有谁怜惜那永不能回到海中的旅魂。

——张晓风《初绽的诗篇·贝展》

2. 四百多年里，它剥蚀了古殿檐头浮夸的琉璃，淡褪了门壁上炫耀的朱红，坍圮了一段段高墙又散落了玉砌雕栏，祭坛四周的老柏树愈见苍幽，到处的野草荒藤也都茂盛得自在坦荡。

——史铁生《我与地坛》

3. 老栓也向那边看，却只见一堆人的后背；颈项都伸得很长，仿佛许多鸭，被无形的手捏住了的，向上提着。

——鲁迅《药》

① 丰子恺著，张书婷编：《人间有美　最是清雅》，11页，上海，东方出版中心，2020。

三、写作的修改

正所谓“善作不如善改”，“文章不厌百回改”。写作是一个由“物”到“意”再到“文”的过程。在写作的过程中，由于思维和语言的不一致，写出来的文章往往词不达意。文章初稿的完成并非意味着大功告成，只有对作品反复雕琢、提炼、修改，才能不断发现语言表达和思维表达之间的差距，才能最大限度地把自己的写作意图准确地表达出来。

通晓写作的呈现
——写作的修改

（一）修改的范围

1. 主题的完善

修改文章时，首先应该对文章的主题进行斟酌。

最常见的问题有：第一，文章主题不正确，或失之偏颇，或缺乏新意，或没有深度，或基本观点不对；第二，文章的主题不能充分体现材料所包含的意思；第三，文章的标题与主题南辕北辙等；第四，文章的主题不能顺应时代潮流，反映现实情况等。修改文章就是要寻求主题的深化和完善，使其在原有的基础上更加集中、突出、深刻。

托尔斯泰创作《复活》时，十年间两次大修改都是主题的改动，先是确定了道德心理方面的主题，后来经过开掘深化，主题转向社会政治方面，最后几经探索，又把人物的悲剧命运看作社会罪恶的必然结果，对沙皇专制制度提出了强烈的批判，最终使主题更加深广。

2. 材料的增删

修改文章的材料，就是要把零散的材料改集中，把空洞的材料改具体，把平淡的材料改生动，从而使文章的主题更加鲜明、深刻。对于文章中内容贫乏，材料单薄，主题表达不深刻，人物形象不丰满的地方，要设法去丰富材料；相比而言，删比增更难，对于可能影响主题表现的材料要敢于舍弃，对与主题有关但与事实相违背的材料应该删除。

《县委书记的榜样——焦裕禄》初稿中描写焦裕禄逝世后的场景：“贫农的泪水，湿润了坟头的青草。田野寂然无声。过路人擦着眼泪，悄悄地走开了……”这些都是生活中的真实情况，却让人有压抑感。后来，作者把这些文字全部删除，改为“他没有死，他还活着”，无形中增添了令人振奋的主题基调。

3. 结构的调整

结构的调整，就是要力争使文章内容的表现形式达到最佳形态，使结构能够表现文章的思路和作者的思维。在调整结构时，要斟酌文章的层次是否分明，条理是否清晰，文章各部分的安排是否合理，段落是否匀称，详略是否得当，前后是否呼应，过渡是否自然，结构是否严谨，各个层次、段落的衔接是否连贯，每个段落是否都围绕中心思想展开等。

毛泽东的《采桑子・重阳》的原稿是：“一年一度秋风劲，不似春光。胜似春光，寥廓江天万里霜。人生易老天难老，岁岁重阳。今又重阳，战地黄花分外香。”修改时，把该诗的上下阕次序进行了调整。修改后的稿子是：“人生易老天难老，岁岁重阳。今又重阳，战地黄花分外香。一年一度秋风劲，不似春光。胜似春光，寥廓江天万里霜。”结构调整之后，核心意象由小到大，由近及远，符合上下衔接，层层推进的特点，有利于深化主题，启迪哲理。

4. 语言的修饰

语言修饰的目的是使文章的语言更加准确、更加简洁、更加生动、更加得体。推敲语言时，可以考虑以下问题：用词是否妥帖，句法是否有歧义，词句是否有重复啰嗦的地方，遣词造句是否规范，词语表达是否鲜明生动，用语是否通俗易懂等。

5. 格式的规范

文章的行文格式包括汉字书写、标点符号的规范化以及行文格式的得体性。格式规范不仅能给读者良好的印象，从某种程度上也反映出作者的写作态度和修养。

综上所述，写作主体在对文章初稿进行修改时要注意：一查格式是否符合要求，二查文面是否整洁，三查标点运用是否正确，四查有无病句，五查主题是否突出，六查逻辑是否清楚，七查内容是否具体，八查有无真情实感，九查内容有无重点，十查文章语言是否简洁、生动。

（二）修改文章的常用符号

修改文章的常用符号

删除号：用来删除字、标点符号、词、短语及长句或段落。

恢复号：又称保留号，用于恢复被删除的文字或符号。如果恢复多个文字，最好在每个要恢复的字下面标上恢复号。

对调号：用于相邻的字、词或短句调换位置。

改正号：把错误的文字或符号更正为正确的。

增添号：在文字或句、段间增添新的文字或符号。

重点号：专用于赞美写得好的词、句。

提示号：专用于有问题的字、词、句、段，提示作者自行分析错误并改正。

调遣号：用于远距离调移字、标点符号、词、句、段。

起段号：把一段文字分成两段，表示另起一段。

并段号：把下段文字接在上文后，表示不应该分段。

缩位号：把一行的顶格文字缩两格，表示另起段，文字顺延后移。

前移号：文字前移或顶格。

（三）修改的方法

1. 读改法

读改法是最基本、最有效的修改方法。通过阅读文章初稿时的语感，我们会发现文字上的不当之处。凡是读起来别扭，听起来意义模糊的语句，都可能有语病。老舍曾说："文章写完之后，可以念给别人听听。念一念，哪些不恰当的字句，不顺口的地方，就都显露出来了，才可以一一修改。文章叫人念着舒服顺口，要花很多心思和功夫。"①

2. 冷静法

冷静法是初稿完成之后，过一段时间再回头修改的方法。文章初稿完成后，将稿子搁置一段时间，作者换一种情绪和思维方式，可能产生新的思路，容易发现文章的不完善之处。不少作家都使用过这种方法，鲁迅曾说："等到成后，搁它几天，然后再来复看，删去若干，改换几字。"②

---

① 《老舍谈写作》，14 页，南昌，百花洲文艺出版社，2019。

② 《鲁迅全集》第 13 卷，590 页，北京，人民文学出版社，2005。

3. **互改法**

人们在审视自己的文稿时，往往不容易察觉自己文章中的问题，正所谓“当局者迷，旁观者清”，旁人则能从比较客观的角度去评价，去发现问题。

另外，不同的人有着不同的生活阅历、文化背景、思维方式、审美情趣等，他人可以从不同的角度对文章进行推敲，从而发现作者看不到的问题。因此，互改法可以从他人意见中寻找修改的着眼点。当然，由于人们思考问题的方式和角度有差异，对于他人的修改意见也要认真斟酌，不能人云亦云。

4. **讨论法**

讨论法就是通过互相切磋、集思广益的方式对文章进行修改。欧阳修曾把写作的“秘诀”归纳为三条：多看，多做，多商量。特别是涉及一些内容复杂、专业性较强的文章时，初稿完成后，可以组织相关人员共同讨论，提出具体的修改意见进行必要的修改。我国自古以来，就有文人之间相互点评、切磋写作技艺的风气。通过集体的力量，可以将文章修改得更加全面和透彻。

思考与练习

1. 谈一谈，材料、素材、题材之间的关系。
2. 层次与段落之间的区别和联系是什么？层次和段落的安排需要注意哪些问题？
3. 以小组为单位，根据写作修改的要求，互相批阅文章，并在班内进行点评。

项目三　写作的表达方式

写作的表达方式，是文章构成中不可缺少的。只有熟练地运用各种表达方式，才能将主题、材料、语言等内容串联成文。

学习目标

1. 认识写作表达方式的内涵和意义。
2. 掌握抒情、描写、叙述、说明的方法和要求。

知识导图

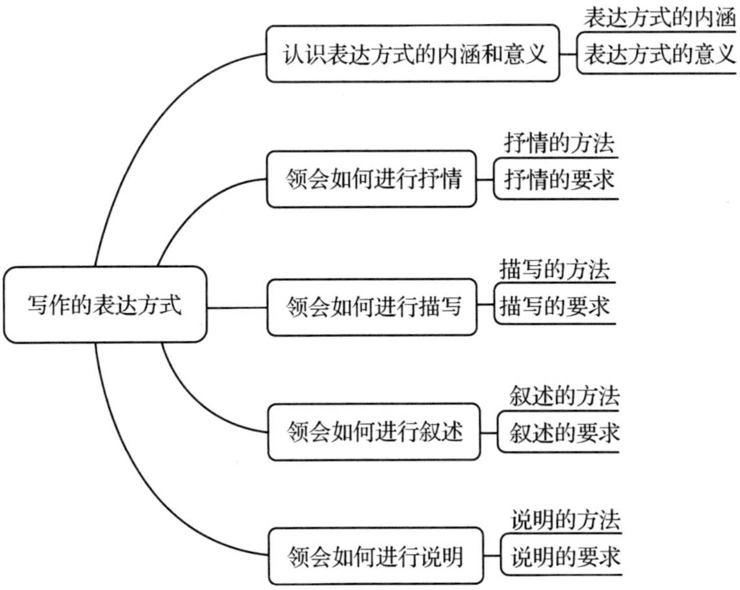

▶任务一 认识表达方式的内涵和意义

认识表达方式的内涵和情感表达的要求

一、表达方式的内涵

文章是对客观事物的反映。在写作过程中，当客观事物经过人的思维活动逐渐转化为文章的观点、材料，并进一步形成了一定的思路、结构之后，就需要运用恰当的语言形式把它们表达出来，这就是表达。

表达方式是指在写作过程中，运用语言文字反映思维成果的特定形式。常见的表达方式有抒情、描写、叙述、说明。这里必须说明的是：一篇文章往往以一种表达方式为主，但同时又综合运用多种表达方式配合。

二、表达方式的意义

写文章不但要善于立意，更要善于达意。表达得好，能清楚明了、具体准确地传达自己的认识主张，才能实现自己写作的目的。正确、熟练、灵活地运用各种表达方式，对于文章内容的表达具有十分重要的意义：第一，表达有利于主题的充分表现；第二，表达可以增强文章的感染力与吸引力；第三，表达在文章内容和形式上能得到完美的统一。

▶任务二 领会如何进行抒情

写作过程中，抒情就是抒发作者或者文章中人物的主观情感。在文章中恰如其分地表达情感，可以开拓文章的意境，深化文章的主题；可以渲染气氛，显示行文基调；

可以表明人物的内心，增强文章的感染力，产生很好的阅读效果。

一、抒情的方法

|想一想|

在心理学上，情感被称为“黑暗的感觉”，是一种抽象的东西。如何才能将抽象的情感表达清楚，同时又能打动读者？你认为有哪些有效的方法？

（一）寓情于物

情感是一种看不见摸不着的心理感受，这种看不见的情感需要借助看得见的人物、景物和事物来表达，这样才能抒发作者的浓烈感情，达到情感的表达效果。寓情于物就是把作者在客观世界中的领悟到的情思，还原到对象化的“物”上，使之成为带有感情色彩的“情化的自然”。需要注意的是，要表达好情感，需要对“物”进行选择与提炼。依附于事物的抒情，要选择生动感人的事件；依附于景物的抒情，要选择善于引发情感的景物；依附于人物的抒情，要选择典型的人物形象。

（二）为情造景

作者在生活中感受到的情感是零散的，因此，要将零散的情感放入一篇有限的作品中，就需要把它们凝集起来，融入一个新造的景象中。这就要求作者将自己的情感倾注在对象之中，创造一个你中有我、我中有你的“情化的自然”。这样，情感弥漫、渗透在整个景物的空间，形成一个情景相生、物我双会的境界。

《祖父的园子》

|说一说|

阅读萧红的作品《祖父的园子》，说一说作者是如何表达祖孙情感的。

二、抒情的要求

（一）情感要真挚

所谓真挚的情感，指的是作者的真情实感，是作者在生活中对所借以抒情的事物产生了深刻的认识和强烈的感受，这时抒发出来的情感才能引起读者的共鸣。刘勰在《文心雕龙·情采》中主张“为情而造文”，反对“为文而造情”。因此，情感表达不能矫揉造作，要谨防无病呻吟、故作多情。

（二）情感要健康

人们在社会中会受到阶级立场和不同的观点的制约。在写作过程中，不仅要抒发个人的真挚情感，还要自觉地抒发健康向上的情感。这种情感应该是积极的人民大众之情、中华民族之情、社会主义之情。作者要用健康向上的情感去感染读者，要抵制颓废、庸俗的情感泛滥。

（三）情感要独特

在写作过程中，传达的情感应该是作者独特的情思。这样才能为读者提供新的内容。因此，作者在传达情感的时候，要拓宽自己的视野，寻找寄寓情感的新事物，或者在旧的意象中灌注新的感情意向。例如，同是“咏蝉”，李商隐写出了“本以高难饱，徒劳恨费声”的牢骚人语，虞世南则发出“居高声自远，非是藉秋风”的清华人语。①

（四）情感要服从主题

感情的抒发常常能烘托和渲染主题，使读者产生强烈的共鸣。因此，情感的抒发必须时刻服从主题的需要。游离于主题之外的情感往往会产生适得其反的效果。

（五）情感要服从文体要求

不同的文体对情感表达的要求不同。在诗歌和散文等文体中，情感的抒发往往是“直抒胸臆”式的，情感的表达比较直接和强烈；在一些记叙性的作品中，情感的表达比较含蓄和曲折；在论说文中，作者很少抒发自己的情感，而是寓情于理，通过阐述观点表现情感。

---

① 《线装经典》编委会编：《唐诗鉴赏辞典》，14页，昆明，云南人民出版社，2017。

▶任务三
领会如何进行描写

领会如何进行描写和叙述

描写，主要指的是细节描写，是叙事作品中的一种表达方式。它用生动形象的语言刻画人物形象、描摹景物或场面。一个精彩的细节，能够成为揭示文章主题的关键。重视细节描写不仅是叙事作品走向成熟的标志，更是作者走向成熟的表现。

一、描写的方法

（一）正面描写和侧面描写

正面描写又称直接描写，是指正面描写人物的语言、动作和神态或者对景物、事物进行描摹刻画。它能让读者直接感受到具体对象的特征、情态、样貌和气氛。但是，正面描写常受事物定势框架的限制。

侧面描写，也叫间接描写，是指对描写的对象不做正面的描绘，而是通过对被描写对象的周围效果的渲染来表现被描写对象的一种表现手法，描写与之相关的其他事物，或是其他人的反应、态度和评价，从而获得独特艺术效果的方法，使得表现对象更加鲜明、生动。当然，在运用这两种方法的时候，可以相互补充，达到以此显彼的效果。

（二）细描和白描

细描，也叫工笔描绘法，对描写对象进行逼真地、细致入微地精雕细刻时，作者往往会使用大量生动、贴切的比喻、夸张、比拟等修辞手法，以及运用准确的文字多角度、全方位地描绘客观对象的状貌。《红楼梦》第三回写王熙凤出场就运用的是细描手法。“只见一群媳妇丫环围拥着一个人从后房门进来。这个人打扮与众姑娘不同，彩绣辉煌，恍若神妃仙子：头上戴着金丝八宝攒珠髻，绾着朝阳五凤挂珠钗；项上带着赤金盘螭璎珞圈；裙边系着豆绿宫绦，双衡比目玫瑰佩；身上穿着缕金百蝶穿花大红洋缎窄裉袄，外罩五彩刻丝石青银鼠褂；下着翡翠撒花洋绉裙。一双丹凤三角眼，两弯柳叶吊梢眉，身量苗条，体格风骚，粉面含春威不露，丹唇未启笑先闻。”①这里，作品通过外貌描写，透露出人物的性格特征。作品极力铺陈王熙凤集珠宝于一身的装扮，暗示她的贪婪与俗气，然后着重写她的那一双“三角眼”，两弯“吊梢眉”，含威不露的“粉面”，未启先笑的“丹唇”，表现她美丽的外表里隐藏着刁钻和狡黠。这里既有“形”似，又有“神”似，以“形”传“神”，形神兼备。

白描，就是用最简练的笔墨生动地勾勒出对象的轮廓，既不做更多的渲染，不以华丽辞藻修饰，更不用曲笔陪衬，而以朴实的文字准确描写出生动的文学形象。白描没有浓烈的色彩渲染，很少使用形容词和装饰语，而是重在抓住事物的特征，寥寥几笔，用质朴的语言将写作对象展示在人们面前。例如，鲁迅在《故乡》中对杨二嫂的描写：“我吃了一吓，赶忙抬起头，却见一个凸颧骨，薄嘴唇，五十岁上下的女人站在我面前，两手搭在髀间，没有系裙，张着两脚，正像一个画图仪器里细脚伶仃的圆规。”②寥寥几笔就把杨二嫂的瘦且尖酸刻薄的形象表现得淋漓尽致。

（三）静态描写和动态描写

静态描写是指将人物、事件、环境等写作对象放在相对静止的状态下进行描写，为客观事物本体造型，寄托作者的情感，为读者创造一个特定的运动形象，从而达到描写的目的。例如，老舍在《草原》中描写静态的句子：“四面都有小丘，平地是绿的，小丘也是绿的。羊群一会儿上了小丘，一会儿又下来，走在哪里都像给无边的绿毯绣上了白色的大花。……在这境界里，连骏马与大牛都有时候静立不动，好像回味着草原的无限乐趣。”③动态描写是对人物、事件、环境进行多层次、发展史的描写，给予写作对象运动感、生命力和变化感，克服图像的单调性，丰富图像的多样性，赋予其生命的活力，写出其运动中的生动形态。《草原》中还有描写动态的句子：“见到我们，主人们立刻拨转马头，欢呼着，飞驰着，在汽车左右与前面引路。……主人们下了马，我们下了车。也不知道是谁的手，总是热乎乎地握着，握住不散。……奶茶倒上了，

---

① 转引自(清)曹雪芹、(清)高鹗：《红楼梦》，中国艺术研究院红楼梦研究所校注，40～41页，北京，人民文学出版社，1982。

② 《鲁迅全集》第1卷，505页，北京，人民文学出版社，2005。

③ 老舍：《月牙儿》，83～84页，北京，海豚出版社，2017。

奶豆腐摆上了，主客都盘腿坐下，谁都有礼貌，谁都又那么亲热，一点不拘束。不大会儿，好客的主人端进来大盘子的手抓羊肉和奶酒。”①

当然，动静结合的写作手法也能带来意想不到的审美效果。比如，朱自清在《春》中的描写：“桃树、杏树、梨树，你不让我，我不让你，都开满了花赶趟儿。红的像火，粉的像霞，白的像雪。”②这里拟花为人，把花的静态美描绘成为一种动态美，突出了春花怒放、百芳争艳的动人景象。

二、描写的要求

（一）描写要真实

在作品中，情节和人物形象可以虚构，但是细节不能虚构。描写要真实，是指细节描写必须要符合作品中的语言环境，要能够准确地表现人物的性格形象、事物的特征。这样才能达到“意料之外，情理之中”的表达效果，才能产生“见微知著”的艺术魅力。

（二）描写要独特

人物有个性，事物有特征。描写时要抓住特点，要把独特的人物个性和景物特征描绘出来。要能够抓住人物在特定环境中所独有的情感和行为特征，才能写出个性鲜明、形神兼备的典型人物，才能描绘出不同的地域风貌。例如，《儒林外史》中，严监生看到灯盏里点了“两茎灯草”，一连三天断不了气，拿走一根后才闭眼的细节描写，生动地凸显了这个人物的守财奴性格，这个细节也只会发生在严监生的身上，细节也就具有了独特性。

（三）描写要形象

形象性是描写的基本特点和基本要求。细节是否生动形象，直接关系到写作对象的刻画能否可闻、可见、可感、可知，写作对象能否活灵活现地呈现在读者面前。这就要求作者不仅要把事物的外部形态形象生动地表现出来，更要能够揭示出事物内在的本质特征，这样才能使写作对象鲜明生动、富有活力。例如，鲁迅在《药》中对康大

① 老舍：《月牙儿》，84～85页，北京，海豚出版社，2017。
② 《朱自清散文》，164页，北京，人民文学出版社，2014。

叔递给华老栓人血馒头时的那段描写：“黑的人便抢过灯笼，一把扯下纸罩，裹了馒头，塞与老栓；一手抓过洋钱，捏一捏，转身去了。嘴里哼着说……”[①]这是一个生动传神的细节描写，作者通过“抢、扯、裹、塞、抓、捏”一系列准确的动词，深刻地显示了康大叔这个人物凶残、贪婪的本性。

（四）描写要目的明确

描写只是手段，其目的是更好地服务作品、表现主题。单纯为描写而描写，无论细节描绘得如何细腻、生动、真实，也是徒劳无功，会成为作品的累赘。

说一说

阅读美国著名作家欧·亨利的短篇小说《重新做人》，说一说作者通过怎样的细节描写塑造了拉尔夫和侦探班·普瑞斯的人物形象。

▶任务四 领会如何进行叙述

叙述是记述人物经历，陈述事件起因、发展变化、过程结果的表达方式。叙述的要素有人物、时间、地点以及事件的原因、经过和结果。通常而言，每个叙述要素都必不可少，但是也有个别作品会省略个别叙述要素，这个要视文本具体情况而定。

一、叙述的方法

叙述的方法有顺叙、倒叙、插叙、补叙、夹叙夹议等。

（一）顺叙

顺叙是最常用的、最基本的方法。它一般是指按照事情发生发展的先后顺序来进行叙述的写作方法，能使文章的层次与生活实际相一致。若能运用得当，可使文章眉

① 《鲁迅全集》第1卷，465页，北京，人民文学出版社，2005。

目清楚、条理分明、有头有尾、结构完整。《左传》便是以顺叙为框架展开叙述的。以鲁桓公二年为例，以时间为序记叙了自“二年春，宋督攻孔氏……”到“夏四月，取郜大鼎于宋”，再到“秋七月，杞侯来朝，不敬”，再到“‘九月，入杞’，讨不敬也”，以及最后“‘冬，公至自唐’，告于庙也”。[①] 顺序的特点是，能将事件的发生发展如画卷一般有条不紊地一一展开在读者眼前，但它也有一些弱势之处，在同一时间点上难以将此时发生的多个事件同时叙述出来，时间的线性决定了其立体性的不足。因此，在顺叙之中加入其他叙事方法也就不可避免。

（二）倒叙

倒叙指的是把某些发生在后边重要的情节或者结局首先写出来，然后再回过头按照事件发展顺序来交代。鲁迅的《孤独者》就采取的倒叙的叙述手法。《孤独者》的叙述者“我”开篇便叙述说：“我和魏连殳相识一场，回想起来倒也别致，竟是以送殓始，以送殓终。”[②]这件事在所有故事情节中是最后发生的，但是叙述者把它放在了最前面。

（三）插叙

插叙指的是在叙述主要事件时暂时中断，而插入与之有关的另一人物或事件的介绍。鲁迅的《故乡》一文就插叙了“豆腐西施杨二嫂”和“少年闰土”两大部分，与眼前的“圆规”“木偶人”进行对比，不但使文章的情节起了波澜，其中的人世沧桑更是强烈地震撼着每一个读者的内心。

（四）补叙

补叙指的是用少量文字对人物或事件做简短的补充说明。补叙和插叙的区别在于：文字少，一般没有情节，前后不必有过渡文字，去掉补叙的文字，前后内容仍然可以衔接起来。鲁迅在《故乡》的结尾补叙了闰土在“草灰中藏碗”的内容，展现闰土人格品质上的堕落，体现了半殖民地半封建社会的弊病。

（五）夹叙夹议

夹叙夹议指的是一边叙述事情的过程，一边对叙述的事情加以分析、议论。“夹叙

---

① 陈戍国点校：《四书五经》上，701～702 页，长沙，岳麓书社，2014。

② 《鲁迅全集》第 2 卷，88 页，北京，人民文学出版社，2005。

夹议”中的叙述是基础，议论是提炼、概括和升华。

二、叙述的要求

（一）表达要清楚

表达要清楚，就是要求将人物、时间、事件的起因、事件的经过、事件的结果交代清楚，组成一个有机整体，用线索贯穿始终。只有厘清了线索，才能组织材料，反映作者的创作思路，构建文章，做到有章有法。叙述中的主要线索被称为主线，围绕主线展开的其他线索叫副线。叙述要抓住主要线索，整篇文章才能表达清楚。

（二）详略安排得当

叙述切忌平均用力，不能流水账似的什么都写。要分清主次、详略得当。凡是能够表现主题的材料应该详细叙述，反之，则应当惜墨如金。

（三）叙述要有波澜

清代袁枚在《〈李觉出身传〉评语》中有这样一段话：“文似看山不喜平，若如井田方罫，有何可观？惟壑谷幽深，峰峦起伏，乃令游者赏心悦目，或绝崖飞瀑，动魄惊心。山水既然，文章正尔。”①叙述时要尽可能地做到生动、波澜起伏，特别是文学作品，要讲究人物形象生动丰满、故事情节曲折回旋等。“文似看山不喜平”，不是为了哗众取宠，而是由错综复杂、对立统一的客观事物的普遍规律决定的。写文章要写出其曲折变化，才能反映事物的本质。如果《西游记》中的师徒四人不经历九九八十一难，每个人物的性格特征就没有那么鲜明突出。此外，曲折的文章也能够引人入胜，激发读者的阅读兴趣。

▶任务五 领会如何进行说明

领会如何进行说明

说明指的是对某事或某物进行解释和阐述，是用简明的语言对人、事、物等对象做出准确、客观的介绍和解释，以便于人们对其有充分的了解。

① 李今主编，罗文军编注：《汉译文学序跋集　第2卷　1911—1921》，10页，上海，上海人民出版社，2017。

一、说明的方法

根据说明对象的不同，说明的方法主要有定义法、诠释法、分类法、举例法、引用法、比较法、比喻法、数字图表法。

（一）定义法

定义法是严格确切地对一个事物的本质特征或一个概念的内涵和外延进行确切而简要的概括。其典型形式：被定义项＋是＋种差＋属。例如，长方形(被定义项)为(是)四个内角相等(种差)的四边形(属)。

使用定义法，一来要注意用语规范，不能同语反复，不能用否定的判断形式，不能使用修辞手法；二来要与同类事物之间进行区别。例如，王能光的《食物从何处来》是一篇介绍食物来源的科普文章，文章就是运用了定义法对“自养”和“异养”做了解释。

（二）诠释法

诠释法是针对某人或某物的某一个侧面或某一个特点进行说明，与定义法的区别在于，诠释法往往带有作者推断分析的成分，不能使被诠释对象完全区别于同属的其他种类的事物。例如，正方形是一种两条对角线互相垂直平分的平行四边形。这个就运用了诠释法，只说明了正方形的某一个特点，没有说明其本质特征。

（三）分类法

分类法是根据事物的形状、性质、功用等差别，将说明对象按照一定标准进行区分说明的方法。这种方法可以把某些较复杂事物的各个方面的特征，揭示得条理清晰、明白易懂。使用分类法时要采用同一标准，不能采用双重标准。例如，朱泳燚的《看云识天气》一文，不同的云彩和天气变化之间的关系十分复杂，不容易说清楚。于是，作者先介绍表明天气晴朗的几种高空薄云：卷云、卷积云、积云、高积云；再说明预兆阴雨风雪的几种低空云层：卷层云、高层云、雨层云、积雨云；而后再介绍可以推测天气情况的云上光彩现象：晕、华、虹、霞。作者按照云层的高低、厚薄，把云分成几类，逐一说明，有条不紊。

（四）举例法

举例法是通过列举具体实例对事物的特征进行说明的方法，其优势在于能够将抽象的或难懂的知识解说得具体生动、清楚明白。例如，茅以升的《中国石拱桥》，介绍了历史悠久、形式优美、结构独特的桥梁建筑——中国石拱桥。文章把石拱桥分成单拱和联拱，又分别指出赵州桥和卢沟桥的例子，具体说明了两座桥的地点、建造时间、长度、结构特点及其艺术价值，使读者对石拱桥有比较清晰、完整的印象。

（五）引用法

引用法是通过引用相关资料，使说明的事物更加充实、更有说服力，其本质特征更加突出，增强说明的权威性和趣味性。例如，《看云识天气》一文引用了“日晕三更雨，月晕午时风”“东虹轰隆西虹雨”“朝霞不出门，晚霞行千里”等谚语，大大充实了说明的内容。

（六）比较法

比较法是对两种或两种以上的事物进行比较，通过比较来说明事物的现象、本质、特征、规律。比较法可以更好地突出说明对象的特点，能够给读者留下深刻的印象。这种方法可以把本来比较抽象或者陌生的事物，解说得更加鲜明、突出。例如，叶圣陶在《苏州园林》中说：“苏州园林与北京的园林不同，极少使用彩绘。”这里就是通过比较，突出了苏州园林的特点。

（七）比喻法

比喻法就是用比较熟悉的事物比喻不常见或不容易懂的事物和道理。这种方法有助于把一些抽象、复杂的事物和道理写得浅显、生动、贴切，便于读者把握事物的特征和性质。例如，《中国石拱桥》中说：“石拱桥的桥洞成弧形，就像虹。”这就是将石拱桥的形状比作彩虹，让读者对石拱桥的外形产生直观的感受。需要注意的是，说明文中运用比喻要贴切，使人如同亲眼所见，否则，容易达到适得其反的效果。

（八）数字图表法

数字图表法就是运用准确的数字、直观的图表对事物进行说明的一种方法。运用数字说明可以增强说明的精确性和可信度。运用图表说明可以让人一目了然地认识事物，增强说明的直观性和形象性。例如，《乐山大佛》一文中有一段话：“乐山大佛是世界上最大的石刻坐佛，身高七十一米，肩宽二十四米，一只耳朵有六米长，一只脚背可放二十四辆汽车，一瓣脚指甲可坐十来人。一九六四年给大佛洗一次脸就花二万余元，一九七四年修补大佛一个中指就用了五千多个泥砖。”①

二、说明的要求

（一）内容要科学

说明以传播知识、讲授科学为目的，具有比较严密的科学性；同时，一般表达科学性比较强的事物和事理，因此，无论是说明事物的特征还是阐述概念，作者必须站在冷静的客观立场上，必须符合客观实际，这样才能准确把握客观事物的特征、本质、规律，才能经受时间的检验。

（二）顺序要合理

说明的顺序主要有三种：时间顺序、空间顺序、逻辑顺序。根据说明对象的特征、事理之间的内在逻辑、人们对事物的认知程度，选择一种或者多种说明顺序进行有序说明。

（三）语言要准确

说明的一大特点就是“阐述性”，因此，说明的语言必须准确、清晰，不冗余，不含糊，用精简的词句，明确而恰当地说明事物本来的面貌。

| 说一说 |

阅读高其士的《细菌的衣食住行》，说一说文章中使用了哪些说明方法，为什么要这样表达。

① 郭宇和、朱学雷、邓万桥主编：《说明文章法例话》，30页，广州，华南理工大学出版社，1992。

思考与练习

1. 写作表达的作用是什么？

2. 在你的记忆深处，有什么令你感动的事情？请运用情感表达的方法，将它写下来。

3. 请以“你是谁？”为题目，构思几个有波澜、有曲折的故事，说给同学们听一听，并把同学们认为最有意思的故事写下来。

4. 请你捕捉生活中令人心动的细节，并以此为主题，写一篇短文。

5. 以“你看，你看，月亮的脸”为题目，以月亮为主题，尝试创作一篇反映月亮变化特点的说明文，要求运用不少于两种说明方法进行创作。

实践创作篇

项目四　诗歌创作

诗歌是一种用丰富新奇的想象和富有节奏、韵律的语言，高度概括地描绘客观生活特征、表现自我感情特征的文学体裁。诗歌的韵味主要来源于丰富的想象、集中的抒情、优美的语言、节奏和韵律等方面。

诗歌按有无比较完整的故事情节，可分为叙事诗和抒情诗；按语言有无格律，可分为格律诗、自由诗和歌谣诗；按是否押韵，又可分为有韵诗和无韵诗。

学习目标

1. 理解诗歌的审美特征。
2. 把握诗歌的创作要领。

知识导图

- 诗歌的创作
  - 理解诗歌的审美特征
    - 个性化的情感和高度概括的形象相融合
    - 和谐的韵律感和凝练的语言相结合
    - 艺术的想象力和睿智的哲理性相结合
  - 把握诗歌的创作要领
    - 意象的塑造
    - 意境的营造
    - 凝练含蓄的语言特色

▶任务一 理解诗歌的审美特征

理解诗歌的
审美特征

一、个性化的情感和高度概括的形象相融合

诗以情生，情以诗传。在构成诗歌的各种要素中，情感是最重要、最直接、最强烈的。诗歌与散文、小说、戏剧等其他文体相比，不是以事感人、以理服人的，而是依靠高度概括的个性化的主观情感熔铸出来的形象打动读者的。这就要求进入诗歌的形象必须是典型的、精练的，它们的艺术联结与组合是跳跃的、省约的。例如，描写友情，小说可以虚构一个关于友情的故事情节，散文可以真实地袒露挚友之间真挚的情感，而诗歌却省略上述具体的描写，直接进入友情层面的展示。例如，唐代诗人王勃的《送杜少府之任蜀州》：

城阙辅三秦，风烟望五津。
与君离别意，同是宦游人。
海内存知己，天涯若比邻。
无为在歧路，儿女共沾巾。

这首诗没有具体写送别时的场景，而是通过“宦游人”“知己”“比邻”等高度概括的形象，展现了与友人离别时的心理感受和情感。

二、和谐的韵律感和凝练的语言相结合

诗歌和其他文体相比，充满着韵律感和节奏感，这样才能使诗歌产生一唱三叹、荡气回肠的审美效果。

有研究表明，诗歌的韵律感与诗歌的顿歇、押韵以及诗歌本身的形式密不可分。古代诗歌讲究对仗，近现代诗歌尽管形式上比较自由，但也采用了大致整齐的诗句形式，包括字数、句式和停顿等。大致整齐的形式使得诗歌读来朗朗上口。

（一）诗歌的顿歇

有理论家认为，汉语诗歌的韵律主要是由顿歇的回环反复造成的，“它以音顿节奏为基础和主体而结合着其他形式的节奏：在古代，它结合着平仄节奏；在现代，则可以结合重轻节奏”①。汉语是单音节语素的语言，一个汉字一个音节，在诗歌中，每个音节并不是孤立存在的，一般会组合形成“顿”，即音组形成的自然停顿。如《诗经》中的“蒹葭/苍苍，白露/为霜”，二字一顿，整首诗读来就充满节奏。

（二）诗歌的押韵

所谓押韵，是在诗句句末运用韵母相同或相近的字，以增强声韵效果，使诗歌充满韵律感。诗歌以韵脚和平仄音的交换，完成了诗歌抒情的表达，让诗歌读起来朗朗上口，将诗歌的声情之美体现了出来。例如，李白的《静夜思》一诗：“床前明月光，疑是地上霜。举头望明月，低头思故乡。”整首诗运用了通俗易懂的语言，起伏变化适当的韵律，让诗歌的意境婉转流畅，和谐优美，将游子的思乡之情淋漓尽致地表现了出来。

（三）对应的语言形式

除上述大致整齐或有规律的诗句停顿外，诗歌的句式、字数、对应的语言形式也是造成诗歌节奏的因素之一。例如，毛泽东的《卜算子·咏梅》：“风雨送春归，飞雪迎春到。已是悬崖百丈冰，犹有花枝俏。俏也不争春，只把春来报。待到山花烂漫时，她在丛中笑。”这首词一共八句，分上下两阕，各四句。其中，五言共六句，七言共两句，这两句词分别位于上下阕的第三句位置处，相互对应。

另外，现代诗歌体现出分行的艺术美，比如宝塔诗形如宝塔，从上到下，诗句字数逐层增加一个音节，第一行的起始字，既为诗题，又为诗韵，既造成了听觉上的节奏，也呈现出视觉美，体现着新诗的形式美、节奏美、空灵美。

（四）高度凝练的语言

诗歌的语言与其他文体语言的不同之处在于，它是一种高度凝练且变形的语言。诗歌的语言在具体的语境中根据诗人表达情绪的需要可以改变词序、改变词性等。同

① 陈本益：《汉语诗歌的节奏》，62页，重庆，重庆大学出版社，2013。

时，好的诗歌语言能巧妙地用凝练的语言传达出精练的内涵，用较短的篇幅来完美地容纳高度概括的内容。例如，顾城的诗歌《一代人》：“黑夜给了我黑色的眼睛，我却用它寻找光明。”这首诗就是用精练的语言，表现了丰富的思想内涵和浓烈的抒情性。

三、艺术的想象力和睿智的哲理性相结合

作为文学艺术，虽然诗歌和散文、小说一样，都需要具备想象力和哲理性，但是，诗歌的形式高度概括并趋于符号化、象征化，往往将现实生活构建为一个象征体系。因此，诗歌的世界是一个集变异想象和哲理为一体的世界。在诗歌想象的世界里，想象往往是幻觉的想象，幻觉想象越大，越能激发读者强烈的情感。同时，这种想象力所呈现的诗歌世界要上升到理性的思考。只有将睿智的哲理性隐藏在想象的底层，才能在情与理之间产生“无理而妙”的现象，进而迫使读者调动更多的知性理解诗歌，这也使得诗歌具有无限阐述的可能。

| 说一说 |

阅读马致远的《天净沙·秋思》，说一说这首诗给你什么样的审美体验。

▶任务二 把握诗歌的创作要领

把握诗歌的创作要领

一、意象的塑造

诗歌的创作，是从诗人对生活中的某种现象引发了独特的情感，出现了异样的情思而获得具有强烈主观色彩的意象开始的。意象是诗歌的基本要素，一首诗就是一个有机组合的意象系统。

所谓意象，是主观情感作用于客观物象，并且在融合中转化为具有特定情感内容的艺术形象。意象塑造的过程，是概括性和个别性相结合的过程，意象的概括，始终

不摒弃个别，而是更加强化它、突出它、丰富它，使个别成为独特的“这一个”。马致远的《天净沙 · 秋思》中的“枯藤”“老树”“昏鸦”“小桥”“流水”“人家”就是一种个别的、具体的形象画面，然而他却是那个时代落魄天涯、羁旅异乡的人，特别是失意文人的痛苦心境的真实写照。画面呈现的虽是个别失意文人的凄苦情境，却概括了整个时代的人对前途茫茫、归宿不定的痛苦，有以少胜多的艺术效果。

（一）意象的选择

诗人应该具有运用恰当的“意象”抒发情感的能力。比如“明月”代“相思”，“雪梅”代“孤傲”，“虚竹”代“气节”等。要能够充分掌握在诗歌写作史上沉淀下来的特定意象的特定含义。当然，诗歌意象的选择要和作者的主观情感相一致，意象的塑造和选择不在于表现客体，而是要表现主体的情感。

（二）意象的组合

运用意象组合展开形象思维，这是诗歌在艺术创作中区别于其他文体的一个重要特点，意象组合可以大致归纳为以下几种。

1. 联想式组合

联想式组合是将一些看似互不相干的意象，用作者情绪的流动来进行组合。这是抒情诗常用的艺术构思法。例如，张谓的《别韦郎中》：“南入洞庭随雁去，西过巫峡听猿多。峥嵘洲上飞黄蝶，滟滪堆边起白波。”这是由离别之情产生联想，四个不同的意象组合在一首诗中，饱含了难以诉说的离情别意。这种联想式组合是通过联想组合的意象隐藏作者深层次的情感。

2. 比照式组合

比照式组合是把矛盾、相反相成的意象在对比中组合起来，通过它们之间的多重对应关系来烘托题意，抒发情感。“朱门酒肉臭，路有冻死骨”就是采取的比照式组合的方法。矛盾的意象交错组合，能够带给人一种深刻的启迪。

3. 承接式组合

承接式组合是在事物发展的时空顺序上或因果关系的变化上展开意象组合，并以此来抒发作者的情感。例如，杜甫的《绝句》：“两个黄鹂鸣翠柳，一行白鹭上青天。窗含西岭千秋雪，门泊东吴万里船。”通过时空顺序，该诗展示了四个远近不同的意象，以清新轻快的景色寄托诗人内心复杂的情绪。

二、意境的营造

（一）利用时间跨度来营造意境

诗歌的显著特点就是它的高度凝练性和情感性。这就要求诗人在进行诗歌创作时必须打破常规，重新组建新的诗歌空间。其中一种方法可以反映在对“时间意象”的处理上。例如，臧克家的《三代》：“孩子在土里洗澡；爸爸在土里流汗；爷爷在土里葬埋。”该诗用三句话凝练地将三代人几十年甚至上百年的时间定格。该诗通过时间意象的“变异”，书写了我国农民几千年来的苦难。可以说这种纵向的时间跨越方式的运用，对意境的营造和形成起着至关重要的作用。

（二）横向空间的变异营造意境

横向的空间变异是诗歌意境营造的另一重要手段，为了更好地打造意境空间，有时诗人不得不对所驾驭的“空间”进行处理。诗歌是浓缩的艺术，为了达到用最少的语言传递最大量的信息的目的，诗人必须对诗歌意境中的“空间”进行有效的处理。例如，柳宗元的《江雪》：“千山鸟飞绝，万径人踪灭。孤舟蓑笠翁，独钓寒江雪。”在现实生活中，寒江独钓的场景是一个非常广阔的空间，但是经过诗人重新排列组合后，这个很大的“面”收拢到渔翁这个“点”上。诗人为了突出这个“点”，将空间变异重新组合，营造出纯洁而寂静、一尘不染、万籁无声的意境。

（三）时空交错营造意境

为了更有效地表情达意，渲染情思，营造意境，诗人常常在同一首诗中对时间意象和空间意象进行交替组合，使诗歌意境更具多样性、多解性。这种纵横的时空交错的方式如果运用得恰如其分，确实会让诗歌蕴含的信息量大大增加。例如，李白的《静夜思》。这首诗虽然只有二十个字，四个极普通的意象，然而，千百年来却颇受读者的喜爱。之所以如此，正在于诗人采取了纵横时空交错的方式来建构意境，从而使诗歌内容具有强大的弹性和容量，并以此来沟通想象，唤起读者的激情和共鸣。

三、凝练含蓄的语言特色

诗歌的语言不同于我们日常生活中使用的语言，甚至会打破现代汉语的语法规范——它会根据诗人表达情绪的需要，将日常的语言进行变形。

（一）超常规组合

超常规组合是指由于诗歌情感表达的需要，故意违反一般的语言常规，将一些不相关的词语进行组合，用陌生化的变形词句表达作者独特的情感体验。例如，“红了樱桃，绿了芭蕉”，按照常规的语法表达，应该是“樱桃红了，芭蕉绿了”，但是这种在词序上改变了正常语句形态的表达，恰恰营造了新的语言秩序，带给读者独特的语言感知和新的美学情趣。

但是，超常规组合不是随意组合，它要以符合诗歌语境为前提，要能给读者带来感受的多样性和独特的诗趣。

（二）语言的留白

诗歌篇幅有限，又重在表现主观情感，因此，诗歌的语言如同中国水墨画一样，有留白的特征。这种语言的留白可以通过两种途径实现：一是意义的省略和跳跃，跨越一些过程性的叙述，引发读者自由联想，营造一种诗意美感；二是一词多义，为了避免歧义，小说和散文的语言往往只显示一种意义，但是诗歌为了制造意象的多义和内涵的丰富，却有意创造出一词多义的词句。比如顾城的《一代人》，在这首诗中，诗人赋予了“黑夜”“黑色的眼睛”“光明”等意象，既是普通的自然现象，又隐含着丰富的内涵，可谓一词多义，同时，诗歌运用了省略、跳跃等手法，让无尽的话语浓缩成两行字，构成阅读张力，达到深厚的艺术效果。

（三）通感的运用

诗歌是一种以语言为符号的心灵意义实践的艺术形式，它是所有艺术中最贴近内心的一种艺术。通感，原是“感觉移借”的心理活动，也是文学上的一种修辞手法和艺术技巧。通感，作为调动人的整体感官从而达到全体性的审美感受的方式，是诗人艺术感知世界的方式。[1]

李贺的《昌谷北园新笋四首》有“露压烟啼千万枝”一句，其中的“啼”字，便是将视觉与听觉联动起来——试看这千枝万枝的竹叶上的积露，不正是它们在烟雾中啼哭的眼泪吗？这种视觉上的“压”被这一听觉上的“啼”表现得淋漓尽致。

通感使诗歌具有更加强烈的主观色彩，这种修辞手法让各种感官相互打通，形成了立体的感知，达到一种知觉复合后所得印象的完整和真实，具有一种复合之美、奇特之感。

| 说一说 |

阅读陈敬容的《山和海》，说一说这首诗的核心意象是什么。采用了什么诗歌手法来组合诗歌意象。

思考与练习

1. 结合你喜欢的一首诗歌，从审美特征的角度分析一下其独特美感。
2. 观察生活中的任一场景或者物体，创作一首诗歌。

① 参见龙潜：《复兴之梦与花》，44～45 页，北京，华艺出版社，2000。

项目五　散文创作

散文是大部分人接触得最多的一种文学体裁，也是最容易写但最难写好的一种文学体裁。要想把握散文的写作特点，就要深入了解散文的审美特征和写作方法。

学习目标

1. 了解散文的概念、分类及审美特征，产生创作的欲望。
2. 掌握散文的结构特点、构思方法以及在布局谋篇上应注意的问题。
3. 掌握散文的多种表现手法，能在实际写作中加以应用。
4. 明确各类散文的写作方法，并主动进行练习。

知识导图

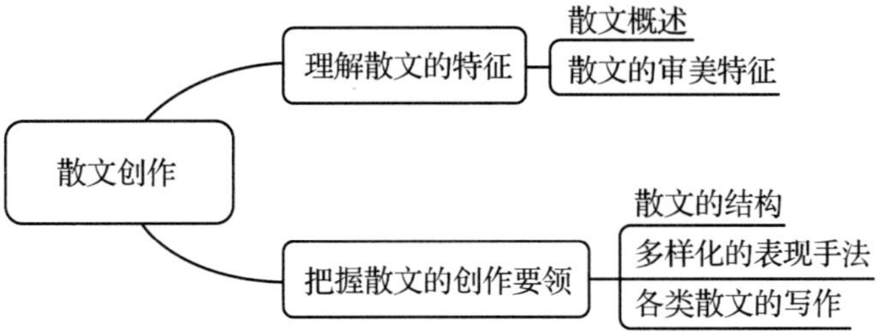

▶任务一 理解散文的特征

把握散文的概念与分类

|想一想|

你觉得散文和诗歌有什么区别？散文有哪些类型呢？

一、散文概述

（一）散文的概念

散文是指以文字为创作、审美对象的文学体裁，是一种抒发作者真情实感、写作方式灵活的记叙类文学体裁。“散文”一词大概出现在北宋太平兴国时期。《辞海》认为，六朝以来，为区别韵文与骈文，把凡不押韵、不重排偶的散体文章，包括经传史书在内，概称“散文”。后来，随着时代的发展，散文的概念由广义向狭义转变，并受到西方文化的影响。①

广义散文——在中国古代文学中，散文与韵文、骈文相对，不追求押韵和句式的工整。这是广义上的散文。

次狭义散文——在中国现代文学中，散文指与诗歌、小说、戏剧并行的一种文学体裁。除以议论抒情为主的散文外，还包括通讯、报告文学、随笔杂文、回忆录、传记等文体，这是次狭义上的散文。随着写作学科的发展，许多文体自立门户，散文的范围日益缩小。

狭义的散文——是指文艺性散文，它是一种以记叙或抒情为主，以叙写“我”的经历、见闻感受为主的文学作品。它取材广泛、笔法灵活、篇幅短小、情文并茂。

（二）散文的分类

根据散文的内容和性质，散文可分为以下几类：写人记事散文、写景状物散文、

① 参见易滢主编：《古汉语与文学基础（上册）》，173页，镇江，江苏大学出版社，2018。

抒情散文和哲理散文。

1. 写人记事散文

这一类的散文侧重于在叙述人物和事件的发展变化过程中反映事物的本质，具有时间、地点、人物、事件等因素，从一个角度选取题材，表现作者的思想感情。例如，鲁迅的《藤野先生》、吴伯箫的《记一辆纺车》、朱德的《母亲的回忆》。

根据该类散文内容的侧重点不同，又可将它区分为记事散文和写人散文。偏重记事的散文以事件发展为线索，偏重对事件的叙述。它可以是一个有头有尾的故事，如许地山的《落花生》；也可以是几个片段的剪辑，如鲁迅的《从百草园到三味书屋》。在叙事中倾注作者真挚的感情，这是与小说叙事最显著的区别。偏重记人的散文，全篇以人物为中心。它往往抓住人物的性格特征做粗线条勾勒，偏重表现人物的基本气质、性格和精神面貌，如鲁迅的《藤野先生》。它与小说的区别在于人物形象是否真实。

2. 写景状物散文

以描绘景物为主的散文多是在描绘景物的同时抒发感情，或借景抒情，或寓情于景。抓住景物的特征，按照空间的变换顺序，运用移步换景的方法，把观察到的变化作为全文的脉络。生动的景物描绘，不但可以交代背景，渲染气氛，而且可以烘托人物的思想感情，更好地表现主题。例如，刘白羽的《长江三峡》。

状物散文是以某一种物件作为表现主体，通过对物件的描摹刻画来为物件传神写貌，从而达到托物寄意的写作目的。这类散文的所写物件很宽泛，可以是自然界的植物、动物，如小猫小鸟、红花绿草之类；也可以是人类世界的各种器物，如车船犁耙、铅笔篮球之类。它可以是写一物，也可以是数物合写。这类散文一般以描形摹态为主，但也可以叙述一些物件的“故事”。状物的散文目的绝不是为写物而写物，其归宿在人文性上，也就是说，这类散文写物是手段，“写人”才是目的。例如，现代文学家巴金于1942年在桂林写的一篇散文——《灯》。文章以“灯光”为情感线索展开了丰富的联想——有现实的观察，有历史的回顾，也有传说故事的引证，表明了作者的一个信念：“灯光是不会灭的。”作者运用象征手法，以某一具体的事物来表现某种特殊的意义——描写和赞扬“灯光”，意在讴歌光明、迎接胜利。文章取材广泛，立意集中，开合自如，奇正相生。

3. 抒情散文

抒情散文是注重表现作者的思想感受，抒发作者的思想感情的散文。这类散文有对具体事物的记叙和描绘，但通常没有贯穿全篇的情节，其特点是强烈的抒情性。它或直抒胸臆，或触景生情，洋溢着浓烈的诗情画意。优秀的抒情散文感情真挚，语言生动，还常常运用象征和比拟的手法，把思想寓于形象之中，具有强烈的艺术感染力。例如，茅盾的《白杨礼赞》、魏巍的《依依惜别的深情》、朱自清的《荷塘月色》、冰心的《樱花赞》。

4. 哲理散文

哲理是感悟的参透，思想的火花，理念的凝聚，睿智的结晶。哲理散文常常以各种形象来参与生命的真理，从而揭露万物之间的永恒相似，它因其深邃性和心灵透辟的整合，给我们一种透过现象深入本质，揭示事物的底蕴、观念，具有震撼性的审美效果。

| 说一说 |

你最喜欢读哪一类的散文？为什么？你都读过哪些作品呢？和同学们分享一下。

二、散文的审美特征

每一种文学体裁之所以不会与其他文学体裁雷同，自是特性使然，这就如同人与人之所以不会完全相像，是因为有其独特的形貌气质特征。与其他文学体裁相比较，散文的主要审美特征有如下几方面。

把握散文的审美特征

（一）广泛、写实的题材

正所谓，“一叶且或迎意，虫声有足引心”[①]，意思是说即使一片树叶也有可能符合作者心理感受，昆虫的叫声也有可能激发人的创作灵感。用这句话来形容散文选材

① （南朝梁）刘勰著，范文澜注：《文心雕龙注》，693页，北京，人民文学出版社，1958。

所能达到的细小精微的程度是很贴切的。

可见散文的题材范围上至天文、下至地理，中外古今，人事景物，国家大事，市井琐事，山川风物，故友消息，街头景色，个人追怀……只要有所感，能寓理，有助于扩大眼界、增长知识、陶冶情操、给人美的享受，任何事物都可能被选为创作对象，任何情感都可以宣泄表达。散文题材范围的广泛性、多样性实在是其他文体所难以比拟的。只要作者有一双“慧眼”，有颗感悟的心，就可以在这方自由的土地上纵横驰骋。

（二）优美、诗化的意境

散文既不能像小说那样以完整的人物形象和故事情节吸引读者，又不能像论文那样借助判断、推理的方法，依靠逻辑的力量征服读者，它靠的是意境的感染。

散文是美文。散文“美”的灵魂是意境。意境是“文艺作品中所描绘的生活图景和表现的思想感情融合一致而形成的一种艺术境界”[①]。散文的意境，就是散文作者的情与所描绘的客观的境交相融合而熔铸在作品中的优美的艺术境界。具体说来，“意”是散文作者的思想感情，“境”是作品中描绘的自然景物和生活形象。意境是散文作者的主观之“意”与客观生活之“境”的辩证统一，它的作用不仅在于使读者对作者笔下的形象描写获得“宛然在目”“身临其境”的真切感受，产生情感的共鸣，还在于能激发他们的联想力或想象力，从而领略散文作者在字面上没有直接写出来的东西。从这个意义上说，衡量一篇散文意境的高下、深浅，不是看作者写出了什么，而是看它究竟让读者感受到了什么。而意境也成为评价散文作品优劣的标准之一。“有境界则自成高格”，“文学之工不工，亦视其意境之有无，与其深浅而已”。[②] 为此，散文作者在进行创作时必须努力“寻求诗的意境”。

（三）真挚、动人的情感

散文创作，首先是一种情感的触发。一篇优秀的散文必须是动情的艺术，是激荡读者感情波澜的艺术。

---

① 《简明社会科学词典》编辑委员会编：《简明社会科学词典》，1050 页，上海，上海辞书出版社，1982。

② 《王国维文集》第 1 卷，141、176 页，北京，中国文史出版社，1997。

从古今中外的散文创作实践看，凡是给人留下美好印象的散文，不论其题材、风格有何不同，其共同的审美点都少不了一个“情”字，无不洋溢着作者不可遏止的情思。这种感情的冲动是散文创作的条件和准备，也是创作的动力，散文作者只有将那些真正引起自身感情上的强烈共鸣的人和事写出来，才可能成就一篇好的散文篇章。诸葛亮的《出师表》、林觉民的《与妻书》、巴金的《怀念肖珊》……无不以情见长，以情动人，倾注了作者的真挚情感。这些名篇常常使读者与作者一同经历一种感情的共鸣，一起热泪盈眶，一起深沉叹惋。

史铁生的《秋天的怀念》，通过对已故母亲的回忆，表达了作者对母亲深切的怀念，对母亲无尽的爱，以及对“子欲养而亲不待”的悔恨。文章主要讲了“我”双腿瘫痪后，脾气变得暴怒无常，母亲为了让“我”鼓起生活的勇气，在重病缠身的情况下，坚持要推“我”去北海公园看菊花。她在生命的最后一息，即将离别人世时，心里还挂念着“我”和未成年的妹妹。文章通过生活中的几件小事，通过在“我”发脾气时，母亲“悄悄地躲出去”“偷偷地注意”“又悄悄地进来”，在“我”同意去北海公园看菊花时，母亲又“喜出望外”“一会儿坐下，一会儿站起”等词语和情节的描写，充分表现了母亲对儿子的理解、同情和关爱，说明了母爱的无私和伟大，表达了人世间的母子之情。

《病隙碎笔》则是史铁生在病痛中书写的对生命的感悟。他用生动而通俗的语言追寻和探索了关于我们人生的已知和未知的道理：人生、命运、爱情、金钱、道义、信仰、健康的心态、成功的途径和价值、孩子的教育、家庭的纽带……字字珠玑，充满着智慧和安详。文章表达了他对人生各种不同境遇的体验和感受。

散文贵在有真情实感。它的特殊力量在于以情动人。散文的真情，有时直接抒发，犹如井喷。例如，茅盾的《白杨礼赞》的开头：“白杨树实在是平凡的，我赞美白杨树。”有时间接流露，或叙述中抒情，“寄情于事 ”。例如，朱自清的《背影》，作者三次描述父亲的背影及相应动作，我们读了之后感到一股真挚深沉的感情充溢其间，感人至深。或描写抒情，“托物抒怀”“寓情于景”达到“情景交融、物我合一”的境界。例如，郁达夫的《故都的秋》通过对故都秋色、秋味的描写，表达了作者对故都之秋的礼赞和挚爱之情。或议论中抒情，“融情于理 ”。此时，议论与抒情不可分，“思想消融在情感里，而情感也消融在思想里"[①]。例如，杨朔的《荔枝蜜》中有如下一段内容。"我的心不禁一颤：多可爱的小生灵啊，对人无所求，给人的却是极好的东西。蜜蜂是在酿蜜，又是在酿造生活；不是为自己，而是在为人类酿造最甜的生活。蜜蜂是渺小的；蜜蜂却又多么高尚啊！"[②]这是一段饱含哲理的议论，融注了作者对小蜜蜂的赞美和钦佩之情。

当然，对于真情实感的抒发，还须掌握一个度，要恰到好处才成。无论是直抒胸臆，还是间接流露的，都要讲求艺术上的适可而止、浓淡相宜。

（四）灵活、自由的笔法

既然任何文学作品反映的社会生活都不会机械地再现，总是"情"与"境"的融合，那么作者主体的"情"——既包括对生活的理解、认识、体验，也包括个人的学识、修养、爱好、情趣、语言习惯、性格特征等，都会在文体要求允许的范围内或直接、或间接地表露出来，形成具有个性色彩的风格。

散文无不是在抒"我"之情，表"我"之意，言"我"之志。"处处皆有我在"，因而使得读者阅读其文，便能够深刻地感受到作者不同于他人的鲜明个性。这也是最能扣人心扉、打动读者之处。散文的这种鲜明的个性化特点，导致了散文创作在表达上的灵活性与自由化：题材广泛、篇幅可长可短、写作手法灵活。

（五）凝练、文采斐然的语言

散文要描绘生动丰富的人、事、景、物，要抒发浓郁的情感，表达鲜明的个性，这便在语言的优美凝练和行文的节奏、韵律等方面提出了较高的要求。因而语言美成了衡量散文艺术成败的重要标准。自古以来，许多脍炙人口的散文佳作世代流传，影响深广，其中除了思想性、情感性的主导因素外，在相当程度上应当归功于作品语言的优美凝练，韵律和谐。

我国古典散文素来就有重视词采和声韵的传统，辞赋与骈文在追求语言的色泽、声律、对称与典雅美方面可谓不遗余力，而古典散文实际上同样也重视语言艺术技巧。

① 朱光潜：《西方美学史》下，560页，北京，中国友谊出版公司，2019。
② 《杨朔散文集》，3页，哈尔滨，北方文艺出版社，2019。

韩愈的散文气韵流畅，造语新奇，骈散并用，浩瀚奔腾；柳宗元的散文牢笼百态，峻洁凝练，具有突出的个性；苏轼的散文思如泉涌，挥洒自如。

现代散文同样富于文采，文笔凝练。散文的文采不仅有华丽的，而且有朴素的。

在现代散文作家中，鲁迅、朱自清、冰心、巴金、秦牧、杨朔、徐迟等，他们的佳作大多凝练朗润，溢彩流光，令人百读不厌。

综上所述，散文是一种题材广泛，重在写实、充满诗意、文情并茂、笔调灵活的文学体裁。它具备文学体裁的一般特征。它的本质功能是用来满足读者的审美需求的。写真人、真事、真景、真物、真情、真感是散文的根本特征。散文还具有鲜明的审美特征，美的题材、美的意境、美的情思、美的笔法。因此素有“美文”之称。

| 练一练 |

结合自己读过的一篇散文，深入体会这篇散文某一方面的特点。

▶任务二

把握散文的创作要领

| 想一想 |

怎样才能写好一篇散文呢？

一、散文的结构

如何构思散文的结构

（一）创造性的结构

散文率性自然，不拘形式格套，行文灵活自如。散文的灵活自如表现在笔法和章法两个方面。笔法上，散文自由运用叙述、描写、抒情、议论、说明等表达方式，可以正面表现，也可以寓托暗示。在章法上。散文没有固定的结构法则。其结构中心多种多样：既可以人物为结构中心，也可以典型细节为中心；既可以景物为中心，也可以象征性事物为中心，还可以抽象的情思为中心。结构形式不拘一格，时空的转换、情绪的递进、认识的深化都可以成为组织材料的依据。总之，散文反映生活、表情达意的手法是十分自由的。

怎样才能写好散文？怎样才能做到"形散而神不散呢？"散文的写作要点有以下几点。

第一，学会立意。对于一篇散文来说，立意最重要。不讲立意，无论材料如何丰富，想象如何飞腾，也只是堆砌材料。立意，就是确定文章的主题。作者渊博的知识、丰富的想象、豪迈的激情，就是通过高、深、新的立意，被充分地表现出来的。

第二，设计一条线索。这是散文构思中的重要一环。散文的素材，就是靠这条线索串起来的。有哪些事物可以作为线索呢？①某一中心事件；②某个人物；③时间；④空间；⑤要根据不同的题材，选取最能表现中心思想的，而又能贯穿全文始终的事物作为线索；⑥潜藏在文字中的思想；等等。这些都可以成为线索。

第三，要写出内涵丰富的意境。意境是指文艺作品中所描绘的生活图景和表现的思想感情融合一致而形成的一种艺术境界。这种意境是用形象构成的情景交融的艺术画面。

第四，精心安排结构。由于散文篇幅短小，笔法灵活，精心安排结构尤为重要。散文的结构，要抓住情感发展的主线。常见的散文结构有：①"现实—回忆—现实"的圆形结构，②链式结构，③并列结构，④蛛网式结构。

第五，文美情真。这是指散文要抒发真情，讲究文采。散文，应该是文辞优美、情真意切的。

（二）如何构思散文的结构

散文是最自由的文体——散漫如水，手法灵活，却"形散而神不散"。散文能不能写好，最为关键的一点是能不能构思好。构思是指对生活素材进行去粗取精、去伪存真、由此及彼、由表及里的加工、提炼的过程。我们要在构思中为散文的思想内容寻找尽量完美的艺术形式，使思想性与艺术性达到和谐统一。这里着重讲以下几方面。

1. 设置主线，形散神聚

在散文结构安排上，第一要注意的是线索贯穿，层次清晰。结构的线索是关系散文作品局部连接与全局集中的一个非常重要的问题。散文的线索，常见的有以情、理、物、时空、行为等为线索。散文的线索设置与结构方式因题材而异，多种多样，有时是两条线索互相交织；有时又故意显得若有若无，令人难以把握。要根据自己的生活经验和所要表现的内容来安排文章的线索，确立全文的结构方式，既要做到顺乎自然，不露斧凿痕迹，又要力求有独创性。

以物喻人的散文，一般以作者对"物"的理解或情感为线索；写景散文一般以游踪或某一景物为线索；记人叙事的散文一般以文章叙述的中心事件或主要人物的活动为线索，或以空间的转换和时间的推移为线索；抒情散文和议论散文一般以情、理为线索，行文不受时间、空间或其他事物的限制。

2. 安设文眼，以眼显神

文眼往往是文章中最精彩、最传神、最使人动情、最耐人寻味的语句，是作者思想感情的喷发口，是文章思想的焦点，同时也对文章的结构起着支配统摄作用。文眼的设置因文而异，可以是一个字、一句话、一个细节、一缕情丝，乃至一景一物。

文眼设置在文章的不同位置，可以起到不同的作用，具体如下。

①文眼在标题，以凸显主旨。标题是文章的眉目，是阅读文章的直接入口。好的散文标题有揭示文章内容，体现文章主旨的作用。

②文眼在文前，以领起全文。文眼在篇首，可以领起全文，具有纲举目张的作用。

③文眼在文中，以承上启下。在文章中的文眼，就像小河上的一座桥，不但可以突出所要表现的内容和思想，而且在结构上往往具有承上启下的作用。

④文眼在文尾，以画龙点睛。有的散文娓娓道来，直到结尾处，才水到渠成，点出文眼。这种在文章结尾处的文眼，具有画龙点睛的作用。

3. 巧设结构，层次清晰

散文的材料是按照一定的思路被组织在文中的，文章的结构就是其思路的具体体现。在考虑散文结构的时候，一定要注意三点：一是要保证结构清晰；二是要保证整体的一致性；三是要弄清段落之间的逻辑关系。散文的结构常见的有以下几种。

①按时间顺序安排结构。鲁迅的《藤野先生》，是按"认识—交往—离别—怀念"的时间顺序而写；许地山的《落花生》，则依"种—吃—议"的时间顺序而写。

②按空间位置安排结构。记游、记事散文多属之。不突出时间因素，或隐没时间因素，只突出空间因素。朱自清的《欧游杂记》里许多文章的写法，便采用"近—远""东—西""上—下"等结构，这种结构方式类似于中国画"移步换形"的表现技法。

③按物事性质、类别组织材料，安排结构。例如，贾平凹的《入川小记》将入川的观感分成几类写，分别写了小吃印象、对成都人的印象等。

④以中介物组织材料，安排结构。即把中介物作为串联作者思想感情和材料的媒介。所谓中介物，可以是具体的人、事、物，也可以是抽象的，如问题、概念、思想等东西。例如，萧乾的《鼓声》，分别写了小时拨浪鼓(欢乐)、商贩鼓(收破烂)、和尚道场鼓(葬别母亲)、欢庆解放鼓(新生)、农民分田地鼓(欢乐)、"文革"鼓(挨斗)和"四人帮"倒台鼓(欢乐)等，鼓声串起的片段表现了作者的人生历程及感悟。

⑤以作者的思想、情感的变化脉络组织材料，安排结构。杨朔的《荔枝蜜》便是这种结构。

⑥环扣式结构。写两件以上的事，写完一件再写一件，各事件以特定的方式联系起来；事件之间或层层深化，或互相映衬，或互相对比，或相互反复、强调。例如，川端康成的散文《我在美丽的日本》等。

⑦"阳光散射式"结构。即围绕一事或一物，写与之相关的物事。老舍的《济南的冬天》就是这种结构。

⑧"流水式"结构。如同大江东去，又宛若绿溪轻漾。梁遇春的散文多用这种结构方式。

⑨"套箱式"结构。即一个大箱中套多个小箱。表现为一篇散文或一长篇散文的总主题里还蕴含若干个分主题，或故事中又套故事。例如，韩少功的长篇散文《山南水北》，其中暗含十组篇章，篇章间似无分野，开合自如，然每个篇章里又若隐若现了相对集中的主题或内容。《山南水北》各篇章的主题或内容各有分野，亦真亦虚，共同构

筑了作者在喧嚣时代的精神守望及情怀。

（三）在散文布局谋篇上，要注意以下环节

散文是最能体现作者本色的文体，是作者灵魂的告白，而散文结构是作者情感的外在表现，因此，必须重视散文的结构。在散文写作中，为了达到结构的完整统一，必须注意布局、衔接、剪裁三个重要环节。

①布局上要注意和谐统一。布局是指作者将基本素材组织成脉络清楚、条理分明、首尾一贯的整体，力求避免光头秃尾、虎头蛇尾、畸轻畸重、比例失调、破坏结构的和谐统一。这是结构完整、严谨的基本要求。

②衔接上要注意自然严谨。衔接是指对作品的各个有机部分，用一定的方法巧妙地连接起来。为了保持作品段落间的连贯，就必须注意过渡的方法。许多作品的层次或段落、各个部分之间的联系，在意义上本来就很紧密，可以不加过渡性的词、句、段。但是，当作品的层次或段落各个部分之间的转折较大时，只有加上过渡性的词、句、段，才能上下贯通。一般来说，在倒叙、插叙与顺叙转接处，要注意运用过渡性词、句、段来进行过渡。

③剪裁上注意精当巧妙。要特别注意突出事物的标志和特征，坚决地删掉与人物、事件、环境以及主题无关的内容。

| 练一练 |

以“我的朋友”或者“春”为主题，思考一篇亲情或者哲理性散文，注意文章的结构。

二、多样化的表现手法

散文一般讲究表现手法的运用，如借景抒情、寓情于景、托物言志、抑扬结合、动静结合、以小见大、烘托对比、象征、联想和想象等。这些手法的巧妙运用，常使作品的思想感情表达得更加鲜明突出。

散文创作
——多样化的表现手段

说一说

散文有哪些表现手法？

（一）象征、对比与衬托

1. 象征

象征是指作者把某种深邃的思想寄予具有某一特点的具体形象。这种深邃的思想，就是指某种抽象的概念、思想或感情。作者不便明说，便将其转化为具体可感的形象，把这种意思含蓄地表达出来。这种写法使文章寓意深刻，立意高远，耐人寻味。

例如，《白杨礼赞》中，白杨树的伟岸、正直、朴质，不缺少温和而又坚强挺拔的内在风格不但“象征了北方的农民，尤其象征了今天我们民族解放斗争中所不可缺的朴质、坚强，以及力求上进的精神”①。

2. 对比

对比是把两种相反事物或一种事物相对立的两个方面做比较，突出主要事物或事物的主要方面的特征。散文在描述主要事物时，写到其他事物，目的一般都是起到对比、反衬、烘托、补充的作用。如果对事物展开多方面的对比，就能够使内涵更丰富，使内容更集中突出，形象更鲜明，主旨更突出。例如，《白杨礼赞》。

3. 衬托

衬托是以他体从正面、反面两个角度陪衬本体，突出本体的主要特征。对比与衬托的区别在于，衬托有主次之分，对比没有主次。衬托方法的应用，能够突出本体事物特征，使本体的内涵更丰富，内容更集中突出，烘托出主体事物所要表达的思想感情。

例如，散文《鹰志》：“还有的小鹰长到了可以爬行的时候，母鹰就把它推到巢边，让它向悬崖下张望。崖中的冷风和暗淡的光线使它浑身发抖……岩壁布满荆棘，有尖

① 《茅盾散文选集》，238～239页，天津，百花文艺出版社，2009。

利棱角的岩石，还有深不见底的河流和尖叫着跑来跑去的土拨鼠。”[①]用崖下的冷风、暗淡的光线、荆棘、尖利棱角的岩石、深不见底的河流、尖叫着跑来跑去的土拨鼠衬托出小鹰将要踏上的飞行之路有多么危险，以及小鹰对飞行的极度恐惧感。

（二）联想、想象与借景抒情

1. 联想、想象

联想，就是由一个事物想到另一个事物的过程。想象，就是在原有形象的基础上创造出新形象的过程。

联想与想象经常一起使用，可以使文章的内容更丰富，语言更生动，更有内涵，增添了文章的文学色彩，增强了文章的艺术感染力。

例如，巴金的散文《灯》，作者由深夜燃着的灯默默地在散布一点点的光和热，给人带来光明和温暖为触发点，展开联想：由眼前的灯，想到了欧洲古代传说——哈里希岛上的长夜孤灯；同时又想到了希腊古代传说中女教士希洛点燃的火炬；还想到了一位投河遇救的友人看到了陌生人家的灯光，由此改变了他的生活态度，由绝望、悲观，变成了一个热爱生命的人。于是，文章的思想内涵表现得更深邃，意境更广。

又如《琐忆》一文，在写鲁迅关怀鼓励青年时的一段对话时，用的就是对比联想的方法。有些青年遇上夸夸其谈的学者，立刻便被吓倒，自惭浅薄，鲁迅便鼓励他们说：“一条小溪，明澈见底，即使浅吧，但是浅得澄清，倘是烂泥塘，谁知道他到底是深是浅呢？也许还是浅点好。”小溪和烂泥塘，文学青年和夸夸其谈的学者，恰是对立鲜明的比照，通过这种对比联想，深刻而生动地揭示了事物本质的意义，表达了作者鲜明的爱憎感情。

2. 借景抒情

借景抒情指通过描写具体生动的自然景象或生活场景，表达作者真挚的思想感情。借景抒情是散文中常见的表现手法，散文中的自然景象不是孤立存在的，作者内心的思想感情寄托于景致描绘，通过寓情于景，情景交融，人物内心的情感得到表现，起到委婉含蓄的艺术效果。

---

① 王族：《冰山的花朵》，46页，乌鲁木齐，新疆美术摄影出版社，2012。

《从百草园到三味书屋》这篇文章，作者从不同角度、不同层次淋漓尽致地描摹百草园声色趣俱全的景观和三味书屋枯燥乏味的生活场景，表现作者热爱大自然，喜欢自由快乐生活和不满束缚儿童身心发展的封建教育的思想感情。

（三）托物言志与抑扬结合

1. 托物言志

托物言志是指作者在对事物进行描绘的过程中，非常巧妙地寄托作者个人的情感和理念，把自己的感情融入具体事物中进行表达。这种表达情感的方式更加巧妙、更加完美、更加充分、更富有感染力。也能使读者在欣赏中获得独特的美感享受。

《假如你想做一株腊梅》属于写物的散文，最典型的就是用了托物言志的表现手法，作者显然是借咏叹“腊梅”赞美一种人格，表达对生命意义的理解。

《病梅馆记》中作者极力描写被残害、被扭曲的梅树，表达的是作者对文人画士病态审美的深恶痛绝。

《紫藤萝瀑布》中作者描写了紫藤萝花那生机盎然的景色，表达了作者对生命的一种赞叹与欣赏。

2. 先抑后扬

先抑后扬是先否定或贬低事物形象，而后深入挖掘事物特点及内在意义，再对事物予以肯定、褒扬，更突出地强调事物的特征。先扬后抑则反之。抑扬结合可以使事物的外在形象更加丰满完整，内在的神韵更加突出。在叙事散文中，还可以使情节起伏跌宕，曲折多姿。

《荔枝蜜》的线索是不喜欢蜜蜂—想去看看蜜蜂—赞颂蜜蜂—想变成蜜蜂，作者借蜜蜂酿蜜的可贵精神，赞颂了劳动人民勤奋不息地为别人、为子孙后代酿造生活之“蜜”的高尚品质。这里运用的是先抑后扬的写法。

《伤仲永》是王安石创作的一篇散文，运用了先扬后抑的写法，先突出方仲永在孩童时代的惊人天赋和聪明机智，后描写他因为没有接受后天的教育而沦为普通人。前后两者对比即可达到良好效果。仲永的堕落与其父亲的作为是分不开的。他的父亲贪图富贵，白白断送了孩子的大好前程。全文揭示了一个道理：即使一个人先天机智过人，但如果不接受后天的教育，最终将沦为一个普通人。整篇文章言简意深，说理严谨。

（四）以小见大和动静结合

1. 以小见大

以小见大是由平凡细微的事情反映重大的主题，突出表现中心，更有震撼力。例如，“一粒貌不惊人的种子，往往隐藏着一个花季的灿烂；一条丑陋的毛虫，可能蜕变为一只五色斑斓的彩蝶。因为生命本身就是一桩奇迹”，这是杏林子对于生命的感悟。在《生命　生命》一文中，作者采用以小见大的写法，仔细观察生活中的小事：生命关头中挣扎的飞蛾，砖缝中茁壮成长的瓜苗，从而引发对生命的思考，告诉读者要懂得珍爱生命、尊重生命、善待生命，让有限的生命体现出无限的价值。

其实，在我们身边就有许多热爱生命的人。他们虽然身体残疾，但他们知道，既然已经成为生命中的一员，就应该为生命负责！人活着要有这种不屈不挠的精神！让我们珍惜生命，为生命而奋斗，让短暂的人生更加光彩而有力吧！

2. 动静结合

动静结合是在一种意境里描写动态与静态的事物，并在意境中和谐统一的手法。它能使文章活泼生动，给静态的事物以生命和活力，活灵活现，直观形象地给读者以栩栩如生的印象。巴金的《鸟的天堂》，堪称动静结合的写景典范之作。《鸟的天堂》记叙了作者和他的朋友们两次经过“鸟的天堂”时所见到的不同景象，第一次主要从静态的角度来描写“鸟的天堂”——大榕树。先是从远处进行观察和描写，给人的感觉是绿得可爱，大而茂盛，然后逼近榕树进行观察和描写，给人的感觉是枝叶繁茂，树叶上又似乎有新的生命在颤动，但“鸟的天堂”里没有一只鸟，作者好不遗憾，也为读者留下了悬念和想象的空间。第二次主要是从动态的角度来描写鸟的天堂—大榕树上的主人—鸟。先是非常静，然后是一声鸟叫，再是拍手，于是一只、两只……大的、小的、花的、绿的、黑的都有，有的在枝上叫，有的飞起来，有的扑翅膀。不但种类多，而且数量也多，让人应接不暇，整个是一曲百鸟大合唱，给人一种幸福、自由、快乐的感觉。榕树的静态美与鸟儿的动态美相互辉映，形成了一幅生机无限的美景图。

| 练一练 |

写一篇散文，试着用上一两种表现手法。

三、各类散文的写作

掌握各类散文的写作方式

（一）写人、叙事散文写作

写人、叙事散文是指以记叙为主要表达方式，以人物、事件为主要表述对象，借写人叙事来表达自己的感受、感情、感悟的散文。

写人的散文，着意于刻画人物鲜明的思想、性格等；叙事的散文，致力于发掘所叙写之事的实质。

1. 写人散文

写人散文指的是以勾勒典型、鲜明人物形象为写作重心的散文作品。写人为主的散文大多是通过一件或几件事情，对人物的外貌、语言、动作、心理、性格、品质等方面进行描写。需要注意的是，对于人物的刻画不能面面俱到，而要根据表现人物的需要选择某些方面做传神的描绘。

写人为主的散文，一般在平凡的细节中凸显人物个性、通过从旁映衬等手法，使读者认识写作对象的性格和品质特征。

(1)平凡的细节凸显人物个性

突出个性并非要写出一个人“高大上”的想象特征，而是从意义深刻的小事入手，通过人物外貌、神情、动作、语言和心理等多个侧面的细节描绘，让人物形象立体化，放大人物特点，凸显人物个性特征，让读者更具体地认识写作对象。例如，史铁生的《秋天的怀念》：

那天我又独自坐在屋里，看着窗外的树叶唰唰啦啦地飘落。母亲进来了，挡在窗前：“北海的菊花开了，我推着你去看看吧。”她憔悴的脸上现出央求般的神色。“什么时候？”“你要是愿意，就明天？”她说。我的回答已经让她喜出望外了。

“好吧，就明天。”我说。她高兴得一会儿坐下，一会儿站起：“那就赶紧准备准备。”“哎呀，烦不烦？几步路，有什么好准备的！”她也笑了，坐在我身边，絮絮叨叨地说着：“看完菊花儿，咱们就去‘仿膳’，你小时候最爱吃那儿的豌豆黄儿。还记得那回我带你去北海吗？你偏说那杨树花是毛毛虫，跑着，一脚踩扁一个……”她忽然不说了。对于“跑”和“踩”一类的字眼儿，她比我还敏感。她又悄悄地出去了。①

这一段主要抓住人物的语言。从文章的对话中，可以感受到“我”的暴怒、自卑。也感受到母亲对孩子的宽容及无私的爱。从而让读者明白语言描写能很好地刻画人物性格。

(2)对比方式映衬人物个性

通过将两个人放在一起进行对比描绘，突出、映衬其中一方。对比可以是两个或两个以上截然不同的人物与事物的对比，也可以是同一个人物或者事物外在形象与内在品质的对比，目的是通过鲜明的对比增强艺术感染力，如《陌上桑》中对罗敷的描写，就是通过描写行者、少年、耕者等人看到罗敷的表现，从旁映衬出罗敷的美。

| 练一练 |

试着用突出个性、细节点睛或正反对照、从旁映衬的手法写一篇写人为主的散文。

2. 叙事散文

叙事散文指以通过叙述事件的发生、发展、高潮、结局为写作重心的散文作品，这一类作品往往有比较完整的事件发生过程，并通过事件说明道理或抒发情感。

叙事为主的散文一般采用以下方法记述事件的过程。

(1)曲折叙事

要想把一件事情写得生动、能够达到引人入胜的效果，就不能单纯地平铺直叙，而是要能够曲折有致地叙述事件。将一件事情写得曲折，并非为了哗众取宠，而是因

① 史铁生：《我与地坛》，41～42页，北京，人民文学出版社，2011。

为客观生活本来就充满着错综复杂和矛盾斗争，只有写出事情的曲折变化，才能反映生活的本质。另外，曲折的叙事能产生“山重水复疑无路，柳暗花明又一村”的效果，激起读者的阅读兴趣。

(2)小中见大

小中见大一方面是以平凡小事为切入点，映射出生活的大道理，另一方面是指以平常的、琐碎的现实生活的叙写，让人领悟蕴含其中的社会人生的真谛。

小中见大的写法，要求作者要具备善于发现的能力，从平凡生活中挖掘生命的意义，力求达到“窥一斑而见全豹”的艺术效果。

练一练

试用曲折叙事或以小见大的表现方法，选择生活中的一件小事写一篇叙事散文，要求从中表现出某种生活的本质，具有社会意义。

（二）写景状物散文写作

1. 写景散文

写景散文指以描写自然景色为主的一类散文作品，自然景色一般指山川河流、云雨雪雾等非人工制造的纯自然的景物。写景散文，写景只是手段，渲染特定的气氛、暗示作者的思想情感才是最终目的。

写景为主的散文一般采用以下手法来达到暗示、渲染某种情境和思想情感的目的。

(1)突出神韵、生动形象

写景不在于逼真，而是将自然景色展现在读者面前，使人获得身临其境的感觉，关键在于神似，而不在于形似。寻找、表现、突出景色的特征，又是神似的关键，只有把景色最具有特征的闪光点写得活灵活现，景色才有逼真如画的欣赏效果。

(2)借景写意、传递情思

借景写意，通过对特定景物的描写，达到传递作者的思想情感的目的，达到言在此而意在彼的艺术效果，具有象征的特点。例如，鲁迅的作品《秋夜》，表面在写秋天的夜晚，实际通过枣树、小红花、小青虫等景物象征表达出坚强、希望的情感。

练一练

用突出神韵、生动形象或借景写意、传递情思的手法写一篇以写景为主的散文。

2. 状物散文

状物散文是以某一物件为写作重点的散文类型，通过对物的描摹刻画，达到托物寄意的写作目的。以状物为主的散文与以写景为主的散文的区别在于描写对象的侧重点的不同。前者重在以写物为手段，后者重在以写景为手段。

以状物为主的散文，一般采用以下手法来状写某物的形态与特征，表现作者的志向与情怀。

(1)表里互化、形神兼备

一方面对客观事物的外形进行真实描写，另一方面又对客观事物的内在本质进行准确揭示。这需要作者对客观事物进行细致认真的观察与描绘。例如，茅盾的《白杨礼赞》，作者以西北黄土高原上“参天耸立，不折不挠，对抗着西北风”的白杨树，象征坚韧、勤劳的北方农民，歌颂他们在民族解放斗争中的朴实、坚强和力求上进的精神。在这里白杨树和中国北方农民的特点契合在一起。

(2)托物言志、烘托情感

托物言志中的“物”，要么是静物，要么是动物，但是不管是哪一种，都只是没有感情色彩的客观事物，只是一种载体。托物言志就是要作者赋予这些“物”一定的感情色彩，间接表达主观情感的一种形象化的方式。例如，宗璞的《紫藤萝瀑布》，作者表面写的是一树盛开的紫藤萝花，实际由花儿自衰到盛，转悲为喜，感悟到人生的美好和生命的永恒。托物言志的写法，首先要做到所托之物与所抒之情，在经历、特征、品性等方面要有某种相同点或者相似点；其次，所抒之情不能太泛、太溢，要讲究情感流露的适度和艺术性。

|练一练|

以小草、灯、烛、春蚕、浮萍、梅、兰、竹等为对象，任选一物，写一篇托物言志的散文，题目自拟。

（三）抒情散文写作

抒情散文就是要通过人、物、景等载体将作者的情感自然、自由、自在、自得地表达出来。需要注意的是，虽然散文要求“说真话、抒真情”，但不能将原始的、生活中的情感直接照搬到散文中去，一旦将艺术中的情感和原生的感情画上等号，只会降低散文的艺术品位。抒情散文写作不仅把生活的感觉记录下来，更主要的是将这种感觉和情感通过艺术的方式进行升华。

以抒情为主的散文，抒发情感的途径有两种：直接抒情和间接抒情，而在实际表达中往往采用以下手法来抒发作者的情感。

1. 寓情于景、直抒胸臆

寓情于景是指作者通过敏锐的感官捕捉外在景观的独特点，并将内在的情感调动起来，达到情感抒发与景物描写水乳合一的境界。例如，余光中的《听听那细雨》，他通过听觉，听出了雨声中的文化底蕴和生命节律。

需要注意的是，抒情散文切忌滥情和煽情，这种情感更多的是一种自我审视、自我批判。例如，史铁生的《我与地坛》，把对生活的思想寓于形象之中，具有强烈的艺术感染力。

2. 曲径通幽、迂回起伏

曲径通幽是指采用一波三折、迂回起伏的方式，把情感的变化表现得淋漓尽致。

这种间接抒情的方式关键在于在创作过程中把握一个“变”字，通过文章内容的设计和书写，让读者在曲折变化中感受情感的变化和文章的审美情趣。

| 练一练 |

以寓情于景、直抒胸臆或曲径通幽、迂回起伏的手法写一篇抒情散文。

（四）哲理散文写作

哲理散文与抒情散文的区别在于，抒情散文通过感觉和情感的层面来凸显作者的个性，哲理散文则通过和智性、理性相结合，在抽象的分析和演绎中，表达对人生和文化的见解，重新激发读者为习惯所钝化的感觉。

哲理散文通常采用先叙后议、先议后叙或夹叙夹议的表达方式，而在实际写作中往往通过以下手法达到说理的目的。

1. 借物兴感、揭示本质

借物兴感是以某个事物为载体，或揭示人生哲理，或暗示生活本质，它与借景抒情在写作思路上有异曲同工之妙，但是侧重点有所不同。哲理散文并不拒绝情感表达，又不同于纯粹的智性抽象：它以感觉为基础，在逻辑上做审美的转化。

2. 即事成理、文藏余味

作者将所要表达的智性话语藏于具体的事件中，让读者自己去品味。这种写法，明了“事”与“理”的辩证关系，在言尽意藏的过程中，要讲究必要的“理”，但事情的表达要恰如其分，让人思有所悟。

| 练一练 |

以借物兴感、揭示本质或即事成理、文藏余味的手法，写一篇哲理散文。

思考与练习

1. 谈一谈散文的审美特征。

2. 找一篇你喜欢的散文，谈一谈散文的“形散而神聚”的特点。

项目六　小说写作

小说是拥有最广泛读者的一种文学体裁。或通俗，或严肃，或古典，或现代，均能以其特有的艺术体式，凭借生动曲折的故事情节，描绘社会环境和自然环境，塑造栩栩如生的人物形象，传达作者对社会、人生的理解，对理想价值的追求。这使读者仿佛身临其境、如见其人、如闻其声，从而去品尝人生、陶冶情操、净化灵魂，获得无穷的美感享受。

学习目标

1. 理解小说的概念、分类和要素。

2. 理解小说的审美特征，产生创作的欲望。

3. 把握小说的创作要领。

知识导图

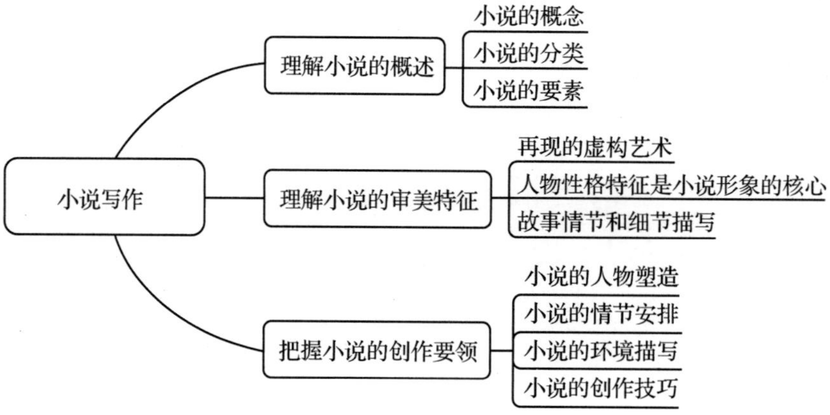

▶任务一 理解小说的概述

|说一说|

你对小说有哪些了解？你喜欢哪些小说？喜欢的原因又是什么？

一、小说的概念

小说是一种以塑造人物为中心，通过描述完整的故事情节和具体的生活环境，多角度、全方位地反映社会生活，表达作者对社会与人生的审美认识与体验的叙事性文学体裁。

二、小说的分类

小说按照篇幅的长短，可分为长篇、中篇、短篇小说及微型小说。

（一）长篇小说

长篇小说是指篇幅长、容量大、情节复杂、人物众多、结构宏伟的一类小说。长篇小说适于表现广阔的社会生活和人物的成长历程，并能反映某一时代的重大事件和历史面貌。在篇章结构上，一般根据故事情节的发展，分成许多章节；篇幅特别长的，还可以分为若干卷或部、集等。例如，《战争与和平》《红楼梦》《人间喜剧》等。

（二）中篇小说

字数在三万到十万的被称为中篇小说。其容量大小、篇幅长短、人物多寡、情节繁简等均介于长篇小说和短篇小说之间，通常只是截取主人公某个时期或某一段生活的典型事件塑造形象，反映社会生活的某个方面，故事情节完整。线索比较单一，矛盾斗争不如长篇小说复杂，人物较少。例如，《边城》《百万英镑》《羊脂球》等。字数的多少，是区别长篇、中篇、短篇小说的一个因素，但不是唯一的因素。

（三）短篇小说

字数在两千字以上三万字以下的被称为短篇小说。短篇小说的选材多选取生活的"横断面"，生活事件虽然也是一两件，但事件叙述的时空形态远比微型小说要复杂、丰满。在刻画人物时，要集中笔墨塑造相对系统、完整的人物个性。叙述较为充裕，可以进行具体细致的人物生活环境的描写。当然依据不同的标准，小说还可以进行不同的分类。

（四）微型小说

字数在一千字左右、不超过两千字的被称为微型小说。微型小说的选材要求精粹，只写一个场面里的一件事情，或者不同场面由一个物品或细节连接的一件事情。讲究运用高质量的写人细节作为核心细节生动地刻画人物的某一方面的性格特征。叙述方式上，讲究用简练的语言叙述一个完整而有变化的故事，常常在情节的尾部制造意外结局，凸显整篇小说的立意。

三、小说的要素

（一）人物

人物是小说创作的中心，小说主要通过鲜明而独特的人物形象来打动读者、感染读者。在每一部小说里，作者都会运用各种艺术手法，进行肖像、语言、行动、心理、细节等描写来塑造典型的人物形象，并通过人物形象或故事去揭示人生哲理、社会问题、价值观念等社会生活的某些本质，表现作品的主题。

（二）情节

情节是人物性格的历史，一般包括开端、发展、高潮和结局四个部分。在作品中，情节的安排决定于作者的艺术构思，并不一定按照现实生活中的事件发生、发展的顺序，有时可省略某一部分，有时也可颠倒或交叉。

史铁生的《命若琴弦》就是按照"自然顺序"写的；莫泊桑的《我的叔叔于勒》就用了倒叙的手法，从"我"和家人时常去码头等待于勒叔叔归来，交代小说情节的发展的原因，然后再按照时间顺序讲述在船上遇到穷困潦倒的于勒叔叔，"我"父母冷酷的态度。

不论故事情节怎样安排，情节的发展总是为塑造人物服务的。

（三）环境

环境是人物活动的场所，事件发生的背景。一般包括自然环境和社会环境。自然环境包括人物活动的地点、季节、气候、时间与场景，表现人物的身份、地位、性格，表达人物心情，渲染气氛。社会环境交代时代背景、社会习俗、思想观念和人与人之间的关系等。

▶任务二 理解小说的审美特征

说一说

小说作为一种独特的文学体裁，有哪些审美特征呢？

一、再现的虚构艺术

理解小说的审美特征
——再现的虚构艺术

虚构是小说区别于其他文学体裁的最显著的特征，没有虚构就没有小说。如果说“真实”是新闻等实用文体的生命，那么，“虚构”则是小说艺术手段的灵魂。虚构是小说创作最重要的艺术手段。因此，创作小说必须懂得虚构艺术的奥妙。所谓虚构，是作者为了概括生活、塑造形象、突出主题，依托合理的联想、想象所采用的一种艺术手段；是在坚持艺术真实的基础上，作者通过合理的联想、幻想、想象、虚拟，进行任意的“编造”，从而使小说反映出来的生活比实际生活更强烈、更集中、更典型、更理想。

虚构对于小说的创作具有不可或缺的重要作用。这种作用主要表现为以下几点。

第一，虚构可以组合小说的人物形象。作者将生活中的若干个“模特儿”(生活原型)选择出来，杂取其人生经历、生活遭遇、思想性格特征的某一点，将其组合为一个小说人物，从而刻画这个人物形象。例如，祥林嫂、吴荪甫、赵伯韬等艺术形象。

第二，虚构可以新创小说的人物形象。这种虚构不借助生活的“模特儿”，而是运用丰富的想象力，创造出一个符合作者审美理想的小说人物。例如，孙悟空、猪八戒、阿Q等艺术形象。

第三，虚构可以组织小说的故事情节。一是将若干个生活原型的遭遇嫁接到所写的小说人物身上，以构成丰富曲折的故事情节，叙述已经发生的故事。例如，祥林嫂、吴荪甫的遭遇。二是以现实生活中的某一个人物为原型，将生活中若干个人物的遭遇有选择地组合到这个人物身上，以构成故事情节。例如，贾宝玉、觉慧、觉新的形象，分别融入了曹雪芹、巴金、巴金的大哥等人的遭遇。三是运用丰富的想象，编织波澜起伏的故事情节，叙述未曾发生的故事。例如，孙悟空的七十二变，猪八戒因喝子母河的水而怀胎。

第四，虚构可以营造小说的典型环境。一是将生活中的某一真实环境艺术化，使之成为小说人物的活动空间。例如，刘心武的《钟鼓楼》中的北京城，该小说反复写道：“钟楼在前，鼓楼在后”，这是真实的；但小说人物活动的几个大杂院却是虚构的。二是将现实中的某几个典型的环境加以组合，营造出一个崭新的小说艺术环境。例如，《红楼梦》的大观园就是皇家园林和苏州园林的艺术复合体。

因此，虚构贯穿于小说构思和写作的整个过程，是小说创作运用得最多、最广泛的艺术手段，正如作家王蒙所说，作家是以虚构的手法，讲述虚构的故事，刻画虚构的人物，说着虚构的话，活动在虚构的环境里，抹着虚构的眼泪。

二、人物性格特征是小说形象的核心

理解小说的审美特征
——人物性格特征

小说艺术是以塑造人物性格为中心的。

（一）人物性格的典型性

人物性格的典型性是构成小说艺术美的主要因素。车尔尼雪夫斯基说得对：“在整个感性世界里，人是最高级的存在物；所以人的性格是我们所能感觉到的世界上最高的美。”[①]一部小说，如果没有塑造出典型性格，单凭故事情节取胜，不可能具有长久

① 转引自朱光潜：《西方美学史》下，608页，北京，中国友谊出版公司，2019。

的艺术魅力，也不可能具有崇高的审美价值。只有成功地塑造出典型环境中的典型性格，小说所反映的社会生活、社会关系才有深度，才能叫人百读不厌，获得无尽的审美享受。巴尔扎克的《人间喜剧》就有这种力量。

典型形象必须具有独特的个性。《水浒传》的四个英雄人物：鲁达、林冲、杨志、武松，他们虽然都是“极丈夫之志”，但又各自有其胸襟，各自有其心地，各自有其形状，各自有其装束，是四个个性完全不同的艺术形象。金圣叹在评点《水浒传》时，着重点就在于强调人物形象的独特性，他说：“《水浒》所叙，叙一百八人。人有其性情，人有其气质，人有其形状，人有其声口。”①这是对典型性格独特性的一种很好的概括。

同时，典型性格又必须具有共性。金圣叹在《水浒传》五十五回回评中说：“……其忽然写一豪杰，即居然豪杰也；其忽然写一奸雄，即又居然奸雄也。”②就是指在这些豪杰或奸雄身上写出了他们的共性。典型形象只有具备了共性，成为“大我”时，才是普遍的。

典型性格是共性与个性的统一，而共性正寓于个性之中。梁岱宗先生指出，“大我和小我——一切有生命的作品所必具的两极端：写大我须有小我的亲切；写小我须有大我的普遍”③。只有这样，小说所塑造的人物才能既是特殊的“这一个”，又指向一个庞大的群体，一种广泛的社会意念，一种普遍的社会存在，产生“任凭提起一个，都似旧时熟悉”的艺术效果。

（二）人物性格的复杂性

人的行为方式千变万化，心理特征也千差万别，因此，人的性格本身就是一个复杂的系统。作为社会的人，其心灵世界极其复杂，极其丰富，不可能是单一色的。高尔基曾说：“人们是形形色色的，没有整个是黑的，也没有整个是白的。好的和坏的在他们身上搅在一起了——这是必须知道和记住的。”④作家必须更深刻地反映人物性格的内在丰富性和复杂性，更全面地展示人的情感世界，达到典型深化的目的。

《红楼梦》的美学价值就在于打破了“叙好人完全是好，坏人完全是坏”的传统格局，

① 郭瑞：《金圣叹的小说理论与戏剧理论》，18 页，北京，中国文联出版公司，1993。
② 郭瑞：《金圣叹的小说理论与戏剧理论》，21 页，北京，中国文联出版公司，1993。
③ 黄健华主编：《宗岱的世界·评说》，107 页，广州，广东人民出版社，2003。
④ 金峰编：《影响一生的——名人名言录》，16 页，哈尔滨，哈尔滨出版社，2005。

在人物性格的塑造中，最大的成就是对贾宝玉、林黛玉的塑造。曹雪芹写贾宝玉身上的“痴”“呆”“傻”，这是宝玉的“可笑”之处，也正是宝玉的“可爱”之处。脂砚斋说，《红楼梦》恰恰在写到宝玉、黛玉的“痴”“呆”“傻”时，显得特别动人。不管人们如何评论宝玉、黛玉，都说不尽他们性格中的无限内涵，就像哈姆雷特一样，任人评论，也说不尽他的性格之谜，充分展示了人物复杂的性格。这就是性格创造的伟大成功。

（三）人物性格的流动性

人物性格常常因时空的变异而发生变化。人不可能固定在社会大系统中的某一个小系统内。人总是在不断地变化着自己的生存空间和生活环境。因此，作家在塑造典型性格时，就应该充分注意性格在时空发生变异时的差异性并多角度、多侧面地展示性格组合，充分显示人物性格的动态美。

茅盾说：“一个‘人’他在卧室里对待他的夫人是一种面目，在客厅里接见他的朋友亲戚又是一种面目，在写字间里见他的上司或下属又另有一种面目，他独自关在一间房里盘算心事的时候更有别人不大见得到的一种面目。”[①]

小说所塑造的人物性格，必须写出因时空的变化而产生的转化，性格才显得真实而多彩。《水浒传》中的林冲，之所以让读者印象深刻，就因为作者写出了这个人物复杂的心理变化史和性格发展史。他的性格不断地在时空的变异中发生变异。他被发配到沧州，是空间的大变迁，而这空间大变迁又与时间的变动融合为一。林冲的性格随着时间的推移，反抗的性格元素已经积淀到相当的程度，再加上空间变迁后非常事件的发生，他的反抗性格就完全形成了。

三、故事情节和细节描写

（一）曲折生动的情节描写

理解小说的审美特征
——故事情节和细节描写

小说主要是通过故事情节来展现人物性格、表现主题的。故事情节是塑造典型性格的依托，优秀小说的故事情节都和塑造典型性格紧紧结合，故事发生、发展、结束的过程，也就是塑造典型性格的过程。

① 《茅盾论创作》，24页，上海，上海文艺出版社，1980。

故事情节越典型，就越能体现人与人之间的关系和矛盾，也就越有利于典型性格的塑造。脱离了塑造典型性格，故事情节再曲折生动，也毫无意义。

1. 情节的曲折美

“文似看山不喜平”，小说的故事情节，也要求具有曲折美。情节平淡，读来如白开水，定无美感可言。情节曲折，那么随着情节的进展，读者的心理也必然要经历一个曲折的过程，而这种心理过程，就能带来精神上的享乐，产生美感效应。《西游记》中的每个小故事的情节都很曲折，特别是“孙行者三调芭蕉扇”的故事。第一次上门借扇碰壁后，孙悟空使出一贯手段钻到铁扇公主的肚子里要挟她，却被铁扇公主用假扇骗过；孙悟空又气又恼，心生一计，又变成牛魔王的模样，骗得宝扇，不料在返回的途中又被假冒的八戒将扇骗回……可谓一波三折，起伏跌宕。

2. 情节的伏笔之美

好的小说，它的故事情节往往会埋下伏笔、存下暗示，让读者读到文章的后面掩卷沉思良久，恍然大悟。破译了作者精心构织的前后照应情节，读者会有一种参与其中的快感，这也正是情节中的伏笔之美。在这方面，莫泊桑的《项链》给我们提供了很好的范例。《项链》的故事情节发展到高潮时，戛然而止，余味无穷。“唉！我可怜的玛蒂尔德，可我那一挂是假的，至多值五百法郎”，路瓦栽夫人听到这话后的表情、表现给读者留下无穷的想象空间。这里我们暂且不论，单就这一结尾来说，文中就有多处伏笔。借项链时，女友相当大方，丝毫没有犹豫。当玛蒂尔德迟疑而焦急地发出借项链的请求时，这位贵夫人说出轻轻松松又随便的言语。这让我们猜测到项链可能不是真的。不过，当时读者可能不会多想。买项链时，老板查了许多账目说：“太太，这挂项链不是我卖的。我只卖出过这个盒子。”老板一语道破天机。作者在文末点出那是一件赝品，虽在我们的意料之外，但细想文中的多处伏笔，又完全在情理之中了。

（二）细节的因果关联和丰富的语言呈现

小说的核心细节和一般细节在联结为情节整体时，有明显的因果脉络和时空线索。它不像诗歌意象那样呈飞宕式联结，也不像散文意象那样呈散跳式联结。小说细节之间的联结隐含着作者对生活的因果理解。可以说，作者有什么样的主观立意，小说细节就会产生什么样的运动方式和联结方式，这中间可能因为叙述的需要，作者会忽略和省掉某些中间细节，但作者的许多艺术提示和暗示，仍然会使读者在自己的想象中，补充出省略的中间细节，而构成体现生活逻辑和情节逻辑的因果解读。

小说细节的语言呈现方式囊括了所有语言艺术的方法和手段。可以采用描写的方式，将小说细节的内容作细致的空间铺排；也可以采用叙述的方法，将小说细节内容做粗略地铺叙；还可以把描写和叙述有机结合起来，既描写又叙述，既细致又快速地传达细节。不管采用哪一种表达方式，小说的语言必须是细密的、写实的，这与诗歌“精美的概括与变形”、与散文“平实的描述与说明”是完全不同的语感。小说通过这种细密、熨帖的语言来呈现细节，构成了小说细节的逼真性和再现性审美特性。

| 想一想 |

当我们读小说时，该从哪些方面去谈它的审美特征呢？

▶任务三 把握小说的创作要领

一、小说的人物塑造

人物是小说创作的第一要义。人物形象既是作者刻意创造的核心内容，也是读者解读小说的一把“万能钥匙”，塑造人物形象是小说反映社会生活的主要手段。小说创作的目标首先应该是确立人物第一，事随人走的思想，写好人物。为文学画廊增添一个或几个不朽的人物，应该是小说创作的最大价值所在，也是小说创作成败的关键。

（一）产生小说人物的两种情况

第一，以生活中的某一个原型为主，加以概括、想象和虚构，从而创造出典型人物。例如，鲁迅的《狂人日记》中的狂人，原型是他的一个表兄弟。鲁迅结合平时对黑暗社会的多方见闻，改造了这个狂人形象的内容，赋予人物深刻的社会意义，从而塑造出了狂人这个艺术典型。

第二，在广泛地集中、概括众多人物的基础上塑造出典型人物。这就是鲁迅说的“杂取种种人，合成一个”的方法。巴尔扎克在谈人物塑造时指出：“它为了塑造一个美丽的形象，就取这个模特儿的手，取另一个模特儿的脚，取这个的胸，取那个的肩。艺术家的使命就是把生命灌注到他所塑造的这个人体里去，把描绘变成真实。如果他只是想去临摹一个现实的女人，那么他的作品就根本不能引起人们的兴趣。”①

鲁迅笔下的人物大多是这样的。他说：“所写的事迹，大抵有一点见过或听到过的缘由，但决不全用这事实，只是采取一端，加以改造，或生发开去，到足以几乎完全发表我的意思为止。人物的模特儿也一样，没有专用过一个人，往往嘴在浙江，脸在北京，衣服在山西，是一个拼凑起来的脚色。”②

（二）塑造人物形象的方法

在文学作品中，小说刻画人物是多角度的、全方位的，它可以凭借各种艺术手段，从各个角度对人物进行肖像描写、语言描写、动作描写和心理描写，既能展现人物的音容笑貌、言谈举止和衣着服饰等外在形态，也能呈现人物心理和思想感情等内在活动，还能完整展现人物与环境互为作用的关系，从而塑造出丰满的人物形象。

1. 肖像描写

肖像描写是指用精确、生动、形象的语言描绘人物外形各个方面的特点。例如，容貌、服饰、姿态、神情、风度等。成功的肖像描写不仅能够使人物凸显在读者眼前，而且可以展现人物的身份、地位、经历、遭遇，从而揭示人物的性格特征。

把握塑造人物形象的方法
——肖像描写和语言描写

肖像是表现人物性格，使之形象化的重要手段。相貌是特定人物的标志，人物是以其独特的相貌存在于读者的印象之中的。个性也表现在人物的装扮、风度、气质、表情、姿势上，从这个意义上说，“人”是可以“貌相”的。不具任何内在意义的外形是

① 北京师范大学中文系文艺理论教研室编：《文学理论学习参考资料》下，469页，沈阳，春风文艺出版社，1982。

② 《鲁迅全集》第4卷，527页，北京，人民文学出版社，2005。

不存在的。外在肖像和内在性格总是密切联系着的，肖像是表现人物的内心世界和性格的重要渠道。

抓住人物特征，逼真地再现人物面貌，是肖像描写的基本要求，性格化的肖像描写则是肖像描写的最高要求，常见的肖像描写的方法有以下几种。

(1)细节描绘

用细腻笔触精雕细刻地描写人物，努力做到以形传神，形神兼备。例如，曹雪芹在《红楼梦》中对林黛玉的肖像描写："两弯似蹙非蹙罥烟眉，一双似喜非含情目。态生两靥之愁，娇袭一身之病。泪光点点，娇喘微微。闲静时如姣花照水，行动处似弱柳扶风。心较比干多一窍，病如西子胜三分。"①这段肖像描写显示出林黛玉孤独、苦闷、深沉、阴郁的气质和多愁善感的性格，同时也刻画出林黛玉容貌娇美，体弱多病的柔弱女子的形象。

(2)简单勾勒

只用简单几笔就勾勒出一个人物的主要特征。例如，鲁迅在《故乡》中，初见杨二嫂时，有一段精彩的描写。寥寥几笔，就逼真地再现了杨二嫂的形象。

(3)夸张笔法

抓住人物的典型特征，用夸张的写法突出人物特征。

(4)间接描写

不直接描写人物的相貌，而是通过其他人的反应间接描写其相貌。例如，《陌上桑》中对罗敷的描写："行者见罗敷，下担捋髭须。少年见罗敷，脱帽著帩头。耕者忘其犁，锄者忘其锄。来归相怨怒，但坐观罗敷。"②

|练一练|

用肖像描写的方法，对同班的一名同学进行一段肖像描写，要突出其特征。

---

① (清)曹雪芹、(清)高鹗：《红楼梦》，中国艺术研究院红楼梦研究所校注，51页，北京，人民文学出版社，1982。

② 郭预衡、辛志贤、聂石樵等选注：《汉魏南北朝诗选注》，33页，上海，东方出版中心，2020。

2. 语言描写

语言描写是指文学作品中人物的对话和独白。成功的语言描写总是鲜明地展示人物的性格，生动地表现人物的思想感情，深刻地反映人物的内心世界，使读者“如闻其声，如见其人”，获得深刻的印象。人物语言一定要追求个性化特点。

例如，《红楼梦》中对王熙凤的塑造就是通过个性化的语言来呈现的。王熙凤出场时有这样一段话，“天下真有这样标致的人物，我今儿才算见了！况且这通身的气派，竟不象老祖宗的外孙女儿，竟是个嫡亲的孙女，怨不得老祖宗天天口头心头一时不忘。只可怜我这妹妹这样命苦，怎么姑妈偏就去世了！”①联系到特定的语言环境，就会发现她这段话的巧妙之处了。她讲话时，周围人物除了林黛玉，还有和林黛玉同辈的迎春、探春、惜春众姐妹，还有众姐妹的祖母——贾母，如果她竭力赞美林黛玉，把林黛玉捧上了天，就会冷落贾府众人，经过她的一番巧妙表达，既高度赞美了林黛玉，又把三春摆在恰当的位置上，还讨得了贾母的欢心，从而收到了一石三鸟的功效。而她的八面玲珑、虚伪和机变逢迎的性格，由此可见一斑。

练一练

设计一个场景，呈现多人对话，通过人物说话的内容、语气，表现说话人的身份、性格、教养等。

3. 动作描写

动作描写是指描写人物富有特征性的动作，来表现人物的性格、品质、身份、地位、处境、状态。人物的每个行动都是受其思想、性格制约的，因此，具体细致地描写某一人物在某一情况下所做出的反应——主要是动作反应，势必会显示出这

把握塑造人物形象的方法
——动作描写和心理描写

① （清）曹雪芹、（清）高鹗：《红楼梦》，中国艺术研究院红楼梦研究所校注，42页，北京，人民文学出版社，1982。

一人物的内心活动、处世态度、思想品质。因此，动作描写是塑造人物的重要手段之一。

第一，要善于抓住表现人物个性的富有特征性的动作。例如，叶圣陶在《潘先生在难》中通过描绘潘先生稍闻风险就张皇失措，在携妻率子逃难的过程中在车站及火车上一系列富有特征性的动作，成功地塑造了一个自私而庸俗的小市民形象。

第二，描写人物的一系列动作。为了充分表现人物的性格，展示各种不同人物的风貌，作者经常通过描写人物的一系列动作，来刻画人物形象。《水浒传》中一讲到武松，人们便会想到武松打老虎。他到酒家如何三碗又三碗再三碗地喝酒，如何看告示，如何上岗，如何用哨棒打虎，哨棒断后如何用拳头等。这一系列动作的描写，生动地刻画了武松这个英雄人物的形象。

| 练一练 |

在生活中仔细观察、捕捉一个人的个性化的行为动作并把它写出来。

4. 心理描写

心理描写是指对人物在一定环境中内心活动的描写，包括人物的感觉、知觉、情感、体验、愿望等。它是塑造人物形象，刻画人物性格，揭示人物的内心世界，表现人物丰富而复杂的思想感情，表达主题的艺术手段。心理描写如果描写得好，可以使人物形象更为真实、深刻、完整，更为感人。

由于人的心理活动极为复杂，一个伟大的作家往往能够写出一种感情变为另一种感情的过程，而一个极有才华的伟大作家，则善于描写难以捉摸的、变化迅速的心理活动过程。

肖像描写、动作描写、语言描写、心理描写都是对人物进行的直接描写，不仅如此，作者有时还对人物进行侧面衬托，这是间接描写。无论是直接描写还是间接描写，它们都对人物形象的塑造发挥着不同的作用(表 6-1)。

表 6-1　直接描写和间接描写对塑造人物形象的作用

<table>
<tr><th colspan="2">人物形象的塑造手法</th><th>作用</th><th>阐释</th></tr>
<tr><td rowspan="5">直接描写
（正面描写）</td><td>肖像描写</td><td rowspan="2">更好地展现人物的内心及性格特征。</td><td rowspan="8">交代人物，突出特点，展现人物性格、品质。</td></tr>
<tr><td>动作描写</td></tr>
<tr><td>语言描写</td><td>言为心声，人物的语言也能体现人物的思想性格。
1. 刻画人物性格，反映人物心理活动，促进故事情节的发展。
2. 描摹人物的语态，使形象刻画栩栩如生、跃然纸上。</td></tr>
<tr><td>心理描写</td><td>直接表现人物思想和内在感情（矛盾、焦虑、担心、喜悦、兴奋等），表现人物思想品质，推动情节发展。</td></tr>
<tr style="display:none"></tr>
<tr><td rowspan="3">间接描写
（侧面描写）</td><td>借助其他人物对比衬托</td><td rowspan="3">引发读者的联想、想象，含蓄曲折地表现人物形象。</td></tr>
<tr><td>借助物象衬托</td></tr>
<tr><td>借助环境烘托</td></tr>
</table>

（三）塑造人物形象的要点

在塑造人物形象时，最重要的是要刻画人物性格。性格是一个人心理特征的综合体现，通过一个人的言行举止，在与外部世界的复杂关系中表现出来。如何刻画人物性格呢？要注意以下几点。

第一，小说中的人物和真实人物不同。小说中的人物是作者虚构的，而这种虚构的人物来自作者的心灵，是融入作者的血肉、灵魂、性格、气质的“臆造”的。小说中的人物生活在小说的“国度”里，这个“国度”是一个叙述者与创造者合而为一的世界。英国小说家福斯特在《小说面面观》中指出：“小说人物在人生中的五项主要活动——出生、饮食、睡眠、爱情和死亡等方面，都有不同于真实人物的特点。”[①]

第二，小说人物的个性特征需要通过细节描写体现出来。在小说写作中，细节描写对人物的个性化具有重要的意义。典型的细节首先是行动方面的，也可以是语言方面的，心理活动以及其他方面的。刘真在《首先要攻下的难关》中指出：“作品中的细

① 和万传、朱红梅主编：《大学语文》，43 页，北京，航空工业出版社，2012。

节，就像活人身上的细胞，是艺术作品的灵魂，所谓作品的高度、深度，是由它的细部来决定的。”①

学习小说写作，一定要下功夫寻找这样的细节——看似无所谓却有重要意义的细节。因为典型环境中的典型性格，正是由许多适当而具有力的典型细节来完成的。唯有把许多有典型意义的细节有机地贯穿起来、组织起来，才能达到从典型环境中描写典型性格的目的。

二、小说的情节安排

如何创设小说的情节
——叙述手法和安排技巧

小说情节指的是在小说作品所提供的特定艺术描写的环境中，由人物之间的相互关系和人与环境之间的矛盾，而产生的一系列生活事件发生、发展直至被解决的整个过程。它通常由一组或若干组具体的生活事件组成，在一条基本情节线索的统领下包括许许多多的细节。小说中的矛盾是形成情节的基础，也是推动情节发展的动力，矛盾双方的人物性格直接决定了情节进展的趋向。

小说情节的发展一般分为：开端、发展、高潮、结局，有的还包括序幕、尾声。

（一）小说情节的叙述手法

1. 小说情节的叙述人称和叙述视角

表 6-2　小说情节的叙述人称和叙述视角

类别	特点
第一人称（有限视角）	第一人称只能局限于叙述人的所见所闻，与“有限视角”一样会受到一定的叙述限制，但它能使小说显得真实亲切，拉近与读者的距离，同时便于抒发感情。
第二人称	第二人称拉近了叙述者与人物之间的距离，增强了文章的抒情性和亲切感，便于感情交流。
第三人称（全知视角）	第三人称不受叙述者的见闻和感觉的约束，相对自由。它可以深入人物内心，将人物的心理活动告诉读者，还可以展示不同人物在不同地点同时发生的事情。

① 赵杰编：《写作技巧借鉴手册》，299 页，上海，同济大学出版社，1991。

2. 小说情节的叙述方式

表 6-3 小说情节的叙述方式

类别	释义	特点
顺叙	按照时间(空间)的先后顺序来写。	情节发展脉络分明，层次清晰。
倒叙	不按时间先后顺序来写，而是把某些发生在后面的情节或结局先行提出，然后再按顺序叙述下去。	制造悬念，引人入胜。
插叙	在叙述主要事件的过程中，根据表达的需要，暂时中断主线而插入另外一些与中心事件有关的内容的叙述。叙述完插入的事件后再接上原来的事件写。插叙的内容不影响主要事件的表达。	1. 对主要情节或中心事件做必要的铺垫、照应、补充、说明，使情节更完整，结构更严密，内容更充实。 2. 衬托中心人物，丰富情节，深化文章主题。
补叙	补叙也叫追叙，在行文中用两三句话或一小段话对前文说的人或事做一些交代，补充另一件与之有关的事件，使事件的整个过程更加清晰完整。	1. 对上文的内容做补充交代，有助于更好地表达主题。 2. 使小说结构完整，行文跌宕起伏，达到出人意料的效果。 3. 若无补叙，就会影响故事的完整性。
平叙	平叙就是平行叙述，即叙述同一时间内不同地点所发生的两件或两件以上的事。通常是先叙一件，再叙一件，常被称为“花开两朵，各表一枝”，因此又被叫作分叙。	1. 条理清楚，便于了解事情的来龙去脉。 2. 拓展作品容量。

（二）小说情节的安排技巧

1. 悬念

悬念是指作者为了激活读者的“紧张与期待的心情”，在艺术处理上采取的一种积极手段。通俗地说，它是指在小说的叙述中先设置一个谜面，藏起谜底，在适当的时候再予以点破，使读者的期待心理得到满足。吸引读者，引人入胜。

2. 抑扬

抑扬是指对写作对象或欲扬先抑或欲抑先扬，然后陡然一转，出乎读者所料，从而使文势曲折多变，使文章产生峰回路转、跌宕起伏的效果，增强作品的可读性。

3. 照/呼应

篇章间的伏笔照应。这能使情节连贯，脉络清晰，结构紧凑。

4. 伏笔

伏笔是指作者对将要在作品中出现的人物或事件，预先做的提示或暗示。伏笔用得好，可使全文前后呼应，结构更严谨，情节发展更合理，前因后果更分明。

5. 对比

对比是指把两种对立的事物或者同一事物的两个不同方面，放在一起相互比较。对比的作用一般是渲染气氛、表现人物或突出主题。

6. 衬托

衬托是指通过描绘某一事物来表现另一事物的艺术手法。它分为正衬和反衬。衬托可以使文章更生动，人物、事物形象更突出，主题更鲜明。

7. 铺垫

铺垫也称铺叙衬垫。它是为了衬托主要人物或事物而铺叙另外的人物或事物。运用铺垫写法是为了蓄积气势，突出文章主旨。

8. 突转

在小说结尾部分，作者常常采用突转的方法形成情节的某种“巧合”，某种意料之外的反转，或者是形成人物性格的“急剧改变”。这种突转常收到意料之外、情理之中的效果，对表现小说主旨起到画龙点睛的作用。

9. 线索

线索是贯穿整个作品情节发展的脉络。它可以是小说中的某个人物、某个事物，也可以是作者的情感、小说的事件，还可以是故事中的空间、时间。阅读小说，抓住线索是把握小说故事发展的关键。线索一般有单线和双线。途径有标题、关键词(体现人物出场、时空变化、事件演变的词语等)。线索的安排可使小说结构清晰，情节集中；可通过线索巧妙安排结构，揭示主题。

另外，线索还分为明线和暗线。明线指的是由人物活动或事件发展所直接呈现出来的线索。人物故事容易集中突出。暗线指的是未直接描绘的人物活动或由事件间接呈现出来的线索。能够在更广、更深的层面上揭示出当时社会的各种矛盾或斗争的焦点，使故事情节安排更加巧妙，使小说的矛盾和主题更加突出。

如何创设小说的情节——结构特色和艺术效果及注意事项

（三）小说情节的结构特色和艺术效果

表 6-4　小说情节的结构特色和艺术效果

相关位置	结构特色	艺术效果
开头	一般开头	1. 开门见山，点明题旨。 2. 引出下文，为后面情节做铺垫。 3. 交代故事发生的时间、地点。
	倒叙开篇式	设置悬念，激发读者的阅读兴趣，引发读者的思考。
	写景开头	1. 交代故事发生的环境。 2. 渲染气氛。 3. 烘托人物心情。
结尾	结尾突转式	1. 从结构安排上看，它使平淡的故事情节陡然生出波澜，产生震撼人心的力量。 2. 从表现手法上看，与前文的伏笔相照应，使人觉得又在情理之中。
	戛然而止式	给读者留下充分的想象空间，发人深省；意味深远，令读者思考、回味。
	喜剧式收尾	1. 从表达效果上看，喜剧性的结局给读者留下了广阔的想象空间，耐人寻味。 2. 从阅读者的情感体验上看，喜剧性的结局与主人、作者的意愿构成和谐的统一体，给人以欣慰、愉悦之感。 3. 从主题上看，这样的结局凸显美好人性，符合大众对审美的追求，容易引起读者的共鸣。
	悲剧式收尾	1. 能更好地深化主题。 2. 能更好地塑造人物性格。 3. 结局令人感动，令人回味，引人思考。
首尾	首尾呼应式	首尾呼应，使得结构紧密、完整。
全文	一波三折式	引人入胜，扣人心弦，增强故事的戏剧性、可读性。
	伏笔铺垫式	为后文揭开真相埋下伏笔（铺垫），使读者感到最后的真相既在意料之外又在情理之中。

续表

相关位置	结构特色	艺术效果
	相互对比式	造成巨大的反差，增强了讽刺效果，能更好地表现小说的主题；有力地表现两个人物不同的性格特点，使得人物性格的塑造更为鲜明。
	彩线串珠式	小说以“某某”为线索，贯穿全文，能够起到概括故事情节、突出人物形象、表现小说主题的作用。

（四）小说情节安排的注意事项

小说的故事情节都是虚构的，故事来源于生活，但通过整理、提炼和安排，就比现实生活中发生的真事更集中、更完整、更具有代表性。创作小说时在情节安排上要注意以下几点。

1. 以事见人，透视人物的性格特点

情节是人物性格发展的历史，是作为人物运动的形式出现的。例如，《孔乙己》中写孔乙己到酒店喝酒，周围的人嘲笑他、与他争辩的情节，正是要表现孔乙己偷窃、迂腐的毛病。孔乙己教“我”“茴”字的四种写法和分豆给孩子们吃的情节，又是为了表现孔乙己的自傲和善良的品性。孔乙己被丁举人打断腿后爬着到酒店喝酒，又谎称腿是跌断的，这些情节则表现他受欺凌的悲惨命运和讲面子的弱点。小说就是通过这一系列的情节来完成对孔乙己复杂性格的刻画的。

2. 见微知著，把握细节的内在意义

小说的情节往往由若干个场面构成，而场面是由很多个细节组成的。例如，《阿Q正传》中有一个情节令人难忘。犯人在最后受判时画押，通常是迟疑而颤抖地执着笔，无可奈何地画上一笔就算，但鲁迅写阿Q的画押就大大不同，是独一无二的阿Q式的：一面是“使尽了平生的力画圆圈”；另一面却是“这可恶的笔不但很沉重，并且不听话，刚刚一抖一抖的几乎要合缝，却又向外一耸，画成瓜子模样了”。[①] 即使没有看过《阿Q正传》全文，不知道阿Q平生为人，单就这一细节来看，阿Q的麻木无知就淋

① 《鲁迅全集》第1卷，549页，北京，人民文学出版社，2005。

漓尽致地表露出来了。

3. 构思情节，彰显艺术匠心

小说情节的铺设都有讲究，生动曲折、波澜起伏和扣人心弦，是所有优秀小说的特点。在什么地方埋伏笔，在什么地方照应，在什么地方进行有助于塑造人物的精彩描写，都要细细加以琢磨。例如，《红楼梦》中刘姥姥三进荣国府的情节，每次各不相同。一进，只让刘姥姥见了王熙凤，借此给读者展示了荣国府这个诗礼簪缨之族、温柔富贵之乡的豪奢；二进，刘姥姥见了贾母，又是饮宴，又是饱览，让读者见到了荣国府也有各种矛盾，由此埋下了贾府即将败落的伏笔；三进，那位曾向刘姥姥伸出援助之手的琏二奶奶也不得不向她呼救了。情节所寓示的主题意义随着情节的变化在不断升华，显示了作者在组织情节时胸有成竹、高屋建瓴的艺术特点。

| 练一练 |

你的手机在操场丢失了，几天后又意外地发现手机被压在枕头底下，这到底是怎么回事儿？请设计出一段出乎意外又合乎情理的小说情节。

三、小说的环境描写

小说写作以塑造人物为中心。设置了人物，就需要给人物提供必要的活动环境。所谓环境是指小说中环绕人物并促使人物行动的整个外部世界，包括自然环境和社会环境。自然环境是指自然界的景物，如季节变化、风霜雨雪、山川湖海、森林原野等。社会环境是指能反映社会、时代特征的建筑、场所、陈设等景物以及民俗民风等。

把握小说的环境描写和创作技巧

无论是社会环境还是自然环境，作者对其描写都要努力做到目的明确，为表达中心思想服务；具体生动，给人身临其境之感；抓住特征，尽量写出人物独具特色的生存空间。为塑造人物形象服务。

环境对于孕育人的气质，涵养人的精神，形成人物的性格，深化小说的主题都有着至关重要的作用。具体表现在以下几方面。

（一）交代地点或背景

在小说里，一般会有社会环境的描写，其作用是交代事情发生的地点或背景，增加故事的真实性。

《孔乙己》开头对鲁镇酒店的格局的描写如下。“鲁镇的酒店的格局，是和别处不同的：都是当街一个曲尺形的大柜台，柜里面预备着热水，可以随时温酒。做工的人，傍午傍晚散了工，每每花四文铜钱，买一碗酒，——这是二十多年前的事，现在每碗要涨到十文，——靠柜外站着，热热的喝了休息；倘肯多花一文，便可以买一碟盐煮笋，或者茴香豆，做下酒物了，如果出到十几文，那就能买一样荤菜，但这些顾客，多是短衣帮，大抵没有这样阔绰。只有穿长衫的，才踱进店面隔壁的房子里，要酒要菜，慢慢地坐喝。”①

这段环境描写赋予人物活动以特定的空间，就像一幅清末江南小镇的世俗画。顾客贫富悬殊，阶级对立明显。鲁镇酒店正是当时黑暗社会的缩影，具有鲜明的时代特色。这样的描写为主人公孔乙己的出场做了铺垫。孔乙己生活在这样的社会环境里，遭逼迫、受侮辱、得不到温饱、没有人同情与怜悯，最后悲惨地死去。

（二）渲染气氛

一般来讲，小说都有一种感情基调，每部作品也有一种特定的氛围，作者往往用生动的自然环境描写，来渲染故事的气氛，从而增强故事的真实性，感染读者。

例如，《故乡》开篇这样写道：“时候既然是深冬；渐近故乡时，天气又阴晦了，冷风吹进船舱中，呜呜的响，从篷隙向外一望，苍黄的天底下，远近横着几个萧索的荒村，没有一些活气。我的心禁不住悲凉起来了。”②这样的环境描写，一下子就将小说悲凉的气氛烘托了出来。

---

① 《鲁迅全集》第1卷，457页，北京，人民文学出版社，2005。

② 《鲁迅全集》第1卷，501页，北京，人民文学出版社，2005。

（三）烘托人物的心情

小说中的环境描写有时候也能烘托人物丰富的心理，凸显人物心理活动，起到画龙点睛的作用。

例如，小说《平凡的世界》中，孙少平做客回来，作者巧妙地插了这样一段景物描写："天开始模模糊糊地黑起来了。城市的四面八方，灯火已经闪闪烁烁。风温和地抚摸着人的脸颊。隐隐地可以嗅到一种泥土和青草芽的新鲜味道。多么好呀，春夜！"①这段景物是从孙少平的视角描写的，似乎暗示了一个下午的经历如此地紧张，让人喘不过气来，现在终于可以长舒一口气了。因此，这司空见惯的夜晚和泥土、青草的味道竟然也这么美好。这里的环境描写成为人物心理活动的契机，并映衬着人物的心理——从最初的惶恐，到后来的紧张，再到最后的心情舒畅，其中既有物质的富足带来的威压，又有超越地位阶层的无微不至的关怀。作者细致地描绘了孙少平的内心，把他的敏感、自尊而又自卑的心理描绘得淋漓尽致。孙少平的这次做客经历，是一次精神的历练，既丰富了他的人生阅历，又使他感受到了人间的温情。

（四）推动情节的发展

小说的情节发展与环境描写往往是相互依存、相互制约的，环境描写以情节为依据，而情节发展又离不开环境描写。

例如，《祝福》中对鲁四老爷家"祝福"的描写。"祝福"本身就是旧社会最富有特色的封建迷信活动，所以在"祝福"时，封建宗法思想和反动理学观念也表现得最为强烈。在鲁四老爷不准"败坏风俗"的祥林嫂沾手的告诫下，祥林嫂失去了"祝福"的权利。她为了求取这点权利，用"历来积存的工钱"捐了一条赎"罪"门槛，但得到的仍是"你放着罢，祥林嫂"这样一句喝令，这粉碎了她生前免于侮辱，死后免于痛苦的愿望，她的一切挣扎的希望都在这一声喝令中破灭了。就这样，封建宗法思想和封建礼教的淫威，把祥林嫂一步步逼上死亡的道路，其中特定的景物描写推动了情节的发展。②

① 马跃、刘岩、王志伟主编：《文学基础理论与作品赏析》，204页，沈阳，辽宁大学出版社，2008。
② 参见姜越编著：《读元曲　学写作》，175～176页，北京，应急管理出版社，2020。

（五）深化作品主题

分析小说的主题，离不开对人物和情节的细致分析，也离不开对环境的认真考察。例如，《骆驼祥子》中，为了刻画人力车夫祥子的辛苦，揭示旧社会劳动人民的悲惨命运，作者极力刻画了日烈雨暴的情景。

当然，一段具体的环境描写，它的作用往往是多方面的，这需要根据具体的语言环境去综合分析，切忌生硬地把它归结为某一种作用。

| 练一练 |

阅读下面描写自然环境的例文，分析其作用。

1.《药》中对时令的描写："秋天的后半夜，月亮下去了，太阳还没有出，只剩下一片乌蓝的天；除了夜游的东西，什么都睡着。华老栓忽然坐起身，擦着火柴，点上遍身油腻的灯盏，茶馆的两间屋子里，便弥满了青白的光。"

2.《荷花淀》中对荷花淀正午风光的那段描写："她们奔着那不知道有几亩大小的荷花淀去，那一望无边际的密密层层的大荷叶，迎着阳光舒展开，就像铜墙铁壁一样。粉色荷花箭高高地挺出来，是监视白洋淀的哨兵吧！"

四、小说的创作技巧

（一）设定好主题

主题是整部小说的核心，是重中之重。所以，如果你想写一部小说，那它的主题最好是你亲身经历的事情，或者是你经常思考且有很深见解的东西。因为亲身经历的事情，是我们所熟悉的，也是我们真情实感的流露，而真实的情感才更能打动人心。

（二）设定好时间和场所

选好主题后，我们就要为故事的发生选定时间和场所。它是当代小说、历史小说还是科幻小说？它的地点和环境(社会或职场)是你熟悉的，还是需要你借助大量资料的？在为小说选定时间和场所时，先问自己这样一个问题：你的设定对于主题或剧情是否是必要的。比如，你把小说中的人物放在一个你不熟悉的城市，仅仅是因为你旅游时去过或者是你想去的地方，这样的做法其实没有多大的意义。

（三）设定好叙述视角

也就是你是以第一人称来写，还是以第三人称来写。在提笔之前，可以思考下你要写谁的故事。当你想好要写谁的故事时，你就能在第一人称和第三人称中做出抉择了。

（四）设定好人物

关于小说里的人物，你已经掌握了哪些信息。写下任何关于他们的零散印象：长什么样，讲话的方式，年龄、兴趣爱好等。

（五）设定好情节

情节是为了描绘故事主题而发生的事件。也就是故事从何开始，到哪儿结束，打算如何连接起始点。其实，写小说就是在两点之间架设一条路径：起点和终点。

（六）设定主要事件/关键场景

主要事件推动着故事情节的发展。当你对小说中的某个情节大概有了把握，知道将会如何发生，那你的故事基本上比较成系统了。

（七）设定好开头

在动笔之前，一定要好好思考开头，想一想为什么这个事件会成为小说的开端。

我们在刚开始写作的时候，总是会犯下这样的错误，即把故事开始的时间点提得过前，在展开情节之前先让读者了解所有角色的全部背景，以为在小说的开头把一切交代清楚是不可或缺的。

例如，你可以详细介绍主人公——在他被公交车撞或被狗咬或困在雪山没有冲锋衣穿之前，还得把他本人和七大姑八大姨都数个遍。也可以等他已经进了重症监护室之后再让七大姑八大姨进入读者视野，让他们在医院的走廊里七嘴八舌地聊天、等待医生的消息。但两者相比，很显然第二种更好一些，直接切入主题，引起读者的兴趣。

思考与练习

1. 综合运用肖像描写、语言描写、行动描写、心理描写方法刻画一个人物，题目自拟，要求写出人物的性格特点。

2. 生活原型在演变成小说人物时可以采用哪些写作手法？请结合具体内容展开分析。

3. 小组合作，构思小说的情节、人物、场景、时间，并用文字描摹出来。

项目七　议论文写作

议论文是培养分析问题、解决问题的能力的一种文学体裁，是作者对某个问题或某件事进行分析、评论，表明自己的观点的一种文学体裁。综合近几年教师资格考试中写作的题目及各类文体的特点，我们可以发现，无论是从写作的难度、安排行文的条理性来看，还是从与试题的匹配度上来看，议论文都是更适合教师资格考试写作题目的、更易得分的一类文学体裁。因此，本项目将主要介绍议论文的相关知识。

学习目标

1. 掌握议论文的定义和特点。
2. 了解议论文的种类和语言特点。
3. 把握议论文的要素。

知识导图

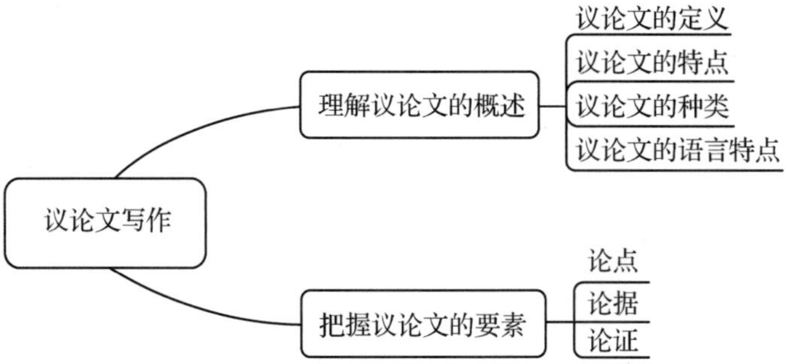

▶任务一 理解议论文的概述

理解议论文的概述

|想一想|

母亲非常重视儿子的前途，每天苦口婆心地教育儿子要努力读书，要有礼貌，要讲信用，要忠于国家……而父亲白天忙于工作，晚上回来又总是在看书。爱子心切的母亲终于忍不住说："你别只顾着看书，你也该好好地管教管教你的儿子啊！"父亲意味深长地说："我时时刻刻都在教育儿子啊！"

根据以上材料，若是写一篇议论文的话，你将从哪些方面入手？

一、议论文的定义

议论文又叫说理文，它是一种剖析事物、论述事理、发表意见、提出主张的文学体裁。作者通过摆事实、讲道理、辨是非等方法，来说明其观点，支持或否定某种主张。

二、议论文的特点

议论文应该观点明确、论据充分、语言精练、论证合理、有严密的逻辑性。

三、议论文的种类

按照议论说理的形式，议论文可以分为立论文和驳论文。

（一）立论文

立论是对一定的事件或问题从正面阐述作者的见解和主张的论证方法。作者在表明自己的态度时，要注意以下几点。

第一，这些见解和主张必须是经过认真的思考或者经过实践的，确实是自己所独有的正确的认识和见解，或者是能切实解决实际问题的主张。

第二，必须围绕所论述的问题和中心论点来进行论证。开篇提出怎样的问题，结篇要归结到这一问题。在论证过程中，不能离题万里，任意发挥，或者任意变换论题。

第三，“立”往往建立在“破”的基础之上。在立论的过程中，需要提到一些错误的见解和主张，加以否定和辩驳，以增强说服力，使读者不会误解自己的观点。[①]

（二）驳论文

驳论是以有力的论据反驳别人错误论点的论证方式。有三种方法：反驳论点、反驳论据、反驳论证。由于议论文是由论点、论据、论证三部分有机构成的，因此驳倒了论据或论证，也就否定了论点，与直接反驳论点具有同样效果。一篇驳论文可以将多种反驳方式结合起来使用，以加强反驳的力量和说服力。

反驳论点，即直接反驳对方论点本身的片面、虚假或谬误之处。这是驳论中最常用的方法。

反驳论据，即揭示对方论据的错误，以达到推倒对方论点的目的。错误的论据必定得出错误的论点。

反驳论证，即揭露对方在论证过程中的逻辑错误，如大前提、小前提与结论的矛盾，对方各论点之间的矛盾，论点与论据之间的矛盾等。

四、议论文的语言特点

第一，准确、严密。

第二，概括性和简洁性。

第三，使用修辞，体现其用词鲜明、生动和感情色彩。

---

① 参见王天舒编著：《议论文写作教程》，13～14页，长沙，湖南大学出版社，2006。

▶任务二

把握议论文的要素

把握议论文的要素
——论点写作

议论文三要素：论点、论据、论证。

根据题目写出一个观点，再加以阐述说明，还要有说服能力，三要素缺一不可。此外，要多积累一些名言警句和名人事例，以便在写作中更好地应用。总的来说，议论文的论点是要解决“要证明什么”的问题，论据是要解决“用什么来证明”的问题，而论证是要解决“如何进行证明”的问题。

一、论点

（一）论点的定义

论点是作者对所论问题提出的见解和主张。论点应该正确、鲜明、有概括性，是一个完整的判断句，绝不可模棱两可。论点是一篇议论文的灵魂和旗帜，没有论点或论点含糊，论证也就会失去方向。议论文的论点一般是文章的题目或在开头、结尾出现。论点分中心论点和分论点，一般一篇议论文只有一个中心论点，几个分论点。例如，章炳元的《畏惧错误就是毁灭进步》中，论点即题目“畏惧错误就是毁灭进步”；吴晗的《谈骨气》中，论点即开篇第一句话“我们中国人是有骨气的”；贾谊的《过秦论》中，论点即结尾一句，“仁义不施而攻守之势异也”。

（二）论点的特征

1. 论点要正确

论点的说服力根植于对客观事物的正确反映，而这又取决于作者的立场、观点、态度、方法是正确的，如果论点本身不正确，甚至是荒谬的，再怎么论证也不能说服人。因此，论点正确是议论文的最起码的要求。

2. 论点要鲜明

论点鲜明指论点句要言简意赅，集中醒目，更重要的是能够站在教育的立场上，体现教育的意义。作者赞成什么、反对什么，要非常鲜明，不能模棱两可。

3. 论点要新颖

在正确的前提下，论点应该尽可能新颖、深刻，能超出他人的见解，不是老生常谈，也不是流于一般的泛泛而谈，应该尽可能选择独特、新颖、能够体现自身思考的观点作为论点。

（三）确立论点的方法

论点是议论文的灵魂，起着统率全文的作用，论点的确立与引出是写好议论文的前提。

1. 紧扣材料

近年来，教师资格考试的写作题大多为材料作文，因此，在写作时，考生首先要全面理解材料的字面含义，然后再深入把握其内涵，明确材料的价值取向。

|评一评|

1485年，英国国王理查三世面临一场重要的战争，这场战争将关系到英国的生死存亡。在战争开始之前，马夫吩咐铁匠快点给马掌钉上马蹄铁。铁匠在钉第四个时发现缺了一颗钉子。由于情况紧急，战斗即将开始，铁匠只好应付了事。战场上，国王骑着马领着他的士兵冲锋陷阵，左突右奔，英勇杀敌。突然间，一只马蹄铁脱落了，战马仰身跌翻在地，国王也被重重地摔在了地上。没等他再次抓住缰绳，那匹惊恐的马就逃走了。一见国王倒下，士兵们也自顾自地逃命去了，整支军队在一瞬间土崩瓦解。敌军趁机反击，并在战斗中俘虏了国王。国王此时才意识到那颗钉子的重要性，在被俘那一刻痛苦地喊道："钉子，马蹄钉，我的国家就倾覆在这颗马蹄钉上！"

这场战役就是博斯沃思战役。在这场战役中，理查三世失去了整个英国。

材料讲述了理查三世因为一颗马蹄钉而失去整个国家的故事。据此可以提炼材料的中心思想"细节决定成败"。考生应紧扣"细节"这一主题进行写作。

2. 选好角度

一则材料给我们的启示往往是多元的、多角度的。我们需要选取自己感受最深、最有话可说的角度。提炼观点时要注意，离材料中心思想越近的观点就是越切题的观点。

|评一评|

1637 年冬，出生于伦敦的英国青年约翰·哈佛，漂洋过海来到今天的马萨诸塞州波士顿地区，在当地的教会任职助理牧师和教导长老。1638 年 9 月 14 日，哈佛不幸患肺病去世，年仅 31 岁。临终前，他做了两件事情：一是留下一半财产给太太，并劝她改嫁；二是将自己另一半财产(约值 780 英镑)和所有的图书(约 400 本)，捐赠给了正在建设中的“新市民学院”。这笔钱为学校的建设提供了巨大的帮助。1639 年，该学院改名为“哈佛学院”，也就是今天的哈佛大学。

根据上述材料，我们可以提炼出以下两个观点：第一，我们应鼓励善行，让善良成为社会的风尚；第二，从社会、个人的层面出发，对材料进行了阐释，都是切合材料主题的观点，学生在写作时可以选取自己感受最深的观点为中心论点。

3. 适当润色

在提炼出中心论点之后，可以适当地对论点进行修饰，使之更加新颖别致。

|评一评|

唐玄宗时，郭子仪和李光弼曾同是朔方节度使安思顺的属下部将。两人之间有矛盾互不讲话。后来安禄山叛乱，郭子仪升任朔方节度使，统兵抵御。李光弼就成了郭子仪的部将。皇帝命令郭子仪率部出征，李光弼担心郭子仪会利用手中权力寻机报复。李光弼硬着头皮对郭子仪说：“我过去得罪您，是我的不是，今后不管如何处置我，我都毫无怨言，只希望您高抬贵手放过我的妻儿……”没等李光弼说完，郭子仪紧紧抱住李光弼，满眼流泪地说：“国家危急，百姓遭殃，正需要我们同心

协力，眼下正需要你这样的人才，此时，怎能计较个人恩怨？”从此，郭李同心，将帅协力，在平息安史叛乱中，战功卓著。

毫无疑问，这则材料介绍了团结的重要性，写作时围绕“团结”进行立意即可。但同样表示团结，“能用众力，则无敌于天下矣；能用众智，则无畏于圣人矣”的立意就比“团结就是力量”更深刻有力。

（四）中心论点的提炼方法

议论文论点的亮出，既要开门见山，又要讲究艺术手法。一切优秀之作，其论点的安置是有铺垫，有烘托，有背景，有原委的。在写作实践中，经常运用以下方法。

如何提炼中心论点和设计分论点

①开门见山。例如，《谈骨气》一开篇就提出中心论点——“我们中国人是有骨气的”，既简洁明了，又重心突出。

②引用名言。《说“勤”》的开头如下。“中国有句俗话，叫做‘一勤天下无难事’。唐代大文学家韩愈也曾经说过：‘业精于勤。’这就是说，学业方面的深厚造诣都来源于勤奋好学。”①

③故事导入。在文章的开头先讲一个故事，然后再由故事引出议论，并将开篇讲述的故事作为全文议论的依据。

④设问开篇。《人的正确思想是从哪里来的?》的开头如下。“人的正确思想是从哪里来的？是从天上掉下来的吗？不是。是自己头脑里固有的吗？不是。人的正确思想，只能从社会实践中来。”②

⑤解释概念。《自强自负自卑》的开头如下。“自强，就是自己努力向上。一个人要有所作为，应具备的品质是：既不要自卑，也不要自负，而要自强。”③这种开头的好处是可以通过诠释概念挖掘论点的深意，明确论述的方向，给人清晰明确的印象。

---

① 王玉强主编：《时文选粹(一)》，93～94页，海口，南方出版社，2005。

② 《毛泽东文集》第8卷，320页，北京，人民出版社，1999。

③ 转引自余地：《阅读公式》，204页，成都，电子科技大学出版社，2017。

⑥对比开头。例如，《感谢冷漠》的开头："如果说宽容是一种美丽的潇洒，那么冷漠则是一个幸福的磨难，冷漠给了我们生活的动力，我们感谢冷漠。"[①]文章的开头巧用对比，不仅能表明作者的情感倾向，自然引出文章的中心论点，还能通过鲜明的对比突出中心论点，给人耳目一新之感。

（五）分论点的设计[②]

要学会通过对中心论点的分析，界定中心论点的内涵，以及弄清写作的要求。这是能否正确提炼分论点的前提条件，以防犯偷换论点、转移论题的错误。

1. 并列分解

并列分解就是从不同的侧面横向展开来分解中心论点。我们通常将议论文分为提出问题(是什么)、分析问题(为什么)和解决问题(怎么样)三部分，但是我们不一定要将这三个问题都阐明清楚，可以选择其中之一，从不同侧面来展开。

|评一评|

平行排列的各个分论点是按照同一的划分标准概括出来的，各分论点之间具有逻辑性，几个并列的分论点的内容不可交叉、不可重复、不可包容、不可矛盾。

(1)并列分解"是什么"

如话题"自嘲"可以按如下这样分解：

①自嘲，是机敏的退让；

②自嘲，是面对缺点的勇敢；

③自嘲，是生存的智慧。

(2)并列分解"为什么"

如以"贫困也是一笔财富"为题进行作文，题目已经表明了中心论点，那么分论点可以这样设计：

---

① 转引自宋庆山主编：《应用汉语》，275页，合肥，合肥工业大学出版社，2005。

② 参见王天舒编著：《议论文写作教程》，10～11页，长沙，湖南大学出版社，2006。

①贫困可催有志者奋发图强，改变命运，穷则思变；

②贫困可以培养人的意志和毅力；

③贫困能增长人的能力，人的许多能力是在困境中锻炼出来的。

(3)并列分解“怎么样”

这是从解决问题的途径来进行分解，如话题“人生的加减法”可以提出：

①面对人生的加减，要携一颗淡然之心；

②面对人生的加减，要加一点自然的清逸野气；

③面对人生的加减，贵在坚持自我。

2. 递进分解

(1)按议论步骤递进

议论文一般按“是什么—为什么—怎么样”的步骤来写作，环环相扣，逐步解决议论文的三个问题，这其实是一种递进关系。

还以话题“人生的加减法”为例，可以这样分解：

①是什么——面对人生的加减，要加一点自然的清逸野气，减一点人工合成的矫揉造作；

②为什么——因为物欲横流，社会需要抵制诱惑，坚守真实的自我，拒绝庸俗，追慕高尚；

③怎么样——既要有出世的隐逸，又要有入世的积极。

(2)按论点内涵递进

就论点的内涵方面而言，论点内涵本身呈递进关系，主要表现在对事物的理解程度，从表面进而认识到事物的本质，由浅入深，层层推进，最后深刻地揭示出事物的本质。

如话题“问”，一位考生以“问——打开真理之门”为论点，然后分解成三个分论点：

①好问，就是对一切的未知、一切的疑惑都有一种好奇心与探究欲，是问的基础；

②敢问，就是敢于向权威、规则挑战，以求真知，是问的发展；

③会问，才能真正发现真理，是问的目的。

| 评一评 |

文章从“问”的三个方面“好问、敢问、会问”层层递进展开，由基础到发展再到目的，逐层深入地解开“问”的道理，论证严谨有力。

3. 辩证分解

辩证分解需要用一分为二的观点来看待事物，既要看到事物的正面，也要看到事物的反面，防止“一叶障目”或“过犹不及”，进行客观公正的评价，方能使论证更具有说服力。

如《说“安”》可以分解为：

①我们喜欢“安”，渴望“安”；

②我们又要提防“安”，不要以一晌贪“安”而蒙蔽了双眼；

③人生、国家定要将“安”字慎选。

4. 比喻分解

这是一种化抽象为形象的分解方式，论点不直接表明，而是用喻体表明观点，使文章显得含蓄又有底蕴，可以增加作文的形象性。

如话题“读”，可以将中心论点定为：读，一把钥匙。然后分解为：

①读，一把钥匙，一把可以打开心灵的钥匙；

②读，一把钥匙，一把可以理解别人的钥匙；

③读，一把钥匙，一把探知未知世界的钥匙。

| 练一练 |

1. 提炼中心论点

道家认为，天下柔者莫过于“水”，而攻坚者又莫胜于“水”。“水”蕴含着深厚的哲学韵味。试从不同的角度思考“水”，并进行中心论点的提炼。

①从坚持的角度。

②从舟行水上的角度。

③从时间如流水的角度。

2. 设计分论点

从“怎么样”的角度，以“学会欣赏别人”为中心论点构思分论点。

二、论据

把握议论文的要素
——论据写作

（一）论据的定义

论据是支撑论点的材料，是作者用来证明论点的理由和根据，即用来阐明观点的具体材料。

（二）论据的分类

论据分为事实论据和道理论据。

1. 事实论据

事实论据是对客观事物真实的描述和概括，具有直接现实性。事实论据包括具有代表性的事例，确凿的数据，可靠的史实等。例如，孟子在《生于忧患，死于安乐》一文中选用舜、傅说、胶鬲等人的例子，充分有力地证明了“生于忧患，死于安乐”的道理。

2. 道理论据

道理论据是指为了论证说明某个问题或者观点而引用的材料，一般指那些来源于实践，并且已被长期实践证明和检验过的正确观点。道理论据包括经典性的著作、权威性的言论(如名言警句)、人们公认的道理(如谚语等)以及自然科学的原理等。例如，邓拓在《不求甚解》中，引用宋代理学家陆九渊的话“读书且平平读，未晓处且放过，不必太滞”，充分证明了读书时不求甚解可以避免因小失大的观点。

（三）选取论据的原则

| 评一评 |

讨论以下论据选择的得失，论述“勤能补拙”能用如下哪些材料进行论证。

材料一，我国第一个电子学女博士韦钰在国外进修期间，没有空暇到繁华的街头漫步，没有精力去剧场、影院欣赏艺术，她一心扑在专业学习上，就连生病也拒绝休息。正是这种刻苦精神，才使她为祖国赢得了荣誉。

材料二，姚明作为篮球运动员，在弹跳、肌肉方面根本没法和其他队员相比。但姚明相信勤能补拙。每次训练前，他都要自己先练上两个小时的体能。负责给他洗衣服的师傅说：“姚明训练可真刻苦，大冬天，也出那么多汗，鞋子里都能倒得出水来。”

材料三，王羲之经常用手指在自己的衣服上写字，时间长了连衣服都被划破了，最终成为一个有名的书法家。

材料二合适，材料一、材料三不合适。

姚明因为在弹跳、肌肉方面根本没法和其他队员相比，是“拙”，这个例子紧扣了论点；材料一并不是表明韦钰是“拙”的；材料三中王羲之确实“勤”，也取得了成功，但王羲之并不“拙”，与补“拙”毫不沾边。

这是论据选择容易出现的问题：论据选择没有围绕中心论点。

“一个典型的事例胜过千万句空洞的说教。”可见，典型、有说服力的事实论据，往往可以起到很好的论证作用。反之，如果论据使用不当，就会降低说服力。因此，在选取论据时，应注意以下几方面。

第一，围绕论点，有针对性。论据是论证论点的根据，是为论点服务的，因此它必须与论点保持一致，这就是通常所说的“观点与材料的统一”，这是议论文最基本的要求。

第二，真实准确，有典型性。一般来说，道听途说的或没有充分调查的事例、主观臆造的“想当然”的事例、由不合理推测得来的事例，都不能用作事实的论据。特别是涉及人格、国籍、年代、出处等，都要力求准确。

第三，角度变化，有多样性。从同一个角度举出来的论据再多、再贴切，也只能代表一个方面的普遍意义。选例不在多，而在精，如果能从不同层次，不同角度去选例，那么会起到以一当十的作用，会使论证全面，更有说服力。

第四，新颖独特，有时代性。新颖的论据往往能吸引人，如果选用的事实论据都是老生常谈，游离于日新月异的生活，缺乏新鲜感和说服力，这样难免使人生厌。①

| 评一评 |

以“挫折铸造成功”为论点，下面的论据说服力强吗？

挫折铸造成功。我们学校的一个女孩在踢足球时，因表现很不理想而遭到老师的训斥。大家都说她并不适合这项运动，但她并没有被挫折吓倒，更加发奋努力，终于考进了专业球队。

不合适。首先“我们学校的一个女孩”这种说法似乎不具备代表性，说服力不强，还有体育是需要天赋的，而女孩在被认为“不适合这项运动”后，仍考进了专业球队，只能说明要么老师说得不对，要么女孩开始没有发挥好，实际上她是适合这项运动的。这是论据选择时容易出现的问题：论据选择不典型。

（四）运用论据的方法

| 评一评 |

同一材料可以改变叙述材料要点来证明不同观点。

原材料：司马迁从小就随任太史令的父亲读《春秋》《尚书》，20 岁开始漫长而艰苦的游览、考察，足迹遍及全国各地的名人旧址。他继承父业，立下志向，要写一部“成一家之言”的史书，大量阅读国家藏书、历史资料。受宫刑后，他想到了死，但又想到著述没有完成，便决心“隐忍苟活”以完成自己的夙愿。最终，他写成了被

① 参见张福庆：《高校议论文写作教程》，135～153 页，北京，世界知识出版社，2011。

誉为“史家之绝唱，无韵之离骚”的《史记》。

论点一：逆境出人才

西汉司马迁因替投降匈奴的李陵辩解而被汉武帝处以“宫刑”，身体受到摧残，精神受到折磨，痛不欲生。但为了实现自己的理想，他忍辱负重，经过前后十六年含辛茹苦，用生命写成巨著《史记》。司马迁无故蒙冤，身受极刑，可谓不顺到了极点，但他靠着坚强的毅力，不懈的精神，撰写巨著，终成一代大家，成为逆境中开出的一朵绚丽的花。

论点二：有志者，事竟成

司马迁立下志向，要继承父业，写一部“成一家之言”的史书。有了这样一个志向，他研读《春秋》《尚书》，20岁开始漫长而艰苦的游览、考察，足迹遍及全国各地的名人旧址。之后他又大量阅读国家藏书、历史资料。最终写成了被誉为“史家之绝唱，无韵之离骚”的《史记》。

1. 围绕论点概括论据

运用论据的方法

南宋文学评论家严羽曾说：“语贵脱洒，不可拖泥带水。”①议论文中的材料是为证明论点服务的，因此要简洁概括，但我们平常积累的常常是完整的故事，所以首先要学会把材料用简洁的语言进行概括，保留与论点相关的内容，删去与论点无关的内容。

| 评一评 |

该怎样用下面的例子来论证“失败是成功之母”呢？

①化学家诺贝尔为减轻工地上挖土工人的繁重劳动，决心改良炸药。

②四年里，诺贝尔废寝忘食，一丝不苟地做了数百次实验，换来的却是数百次失败，但他毫不气馁。他心中始终有一个坚定信念：一定要改良炸药，减轻工人们

① （宋）严羽著，郭绍虞校释：《沧浪诗话校释》，119页，北京，人民文学出版社，1983。

繁重的负担。

③最后一次实验时，他聚精会神地盯着延燃的导火线，一声巨响，炸药爆炸产生了极大的威力。在旁边的人们不禁惊叫："诺贝尔完了！"

④然而，正当人们为失去一位伟大的化学家而悲痛的时候，诺贝尔神奇般地从浓烟中跳出来，他面孔乌黑，身上带着血，兴奋地狂呼："成功了"。

⑤就这样，诺贝尔改良了炸药，从那时起，大大减轻了挖土工人的劳动强度。

这段材料比较长，照抄显然不行，我们来分析一下，它由以下几个要点构成：诺贝尔改良炸药的目的(①)、努力的经过(②)、最后一次试验的场面(③④)、炸药的作用(⑤)，我们再来看一下论点，它具有三个要素：第一，经历了失败；第二，经过不懈努力，善于从失败中吸取经验教训；第三，最终取得了成功。材料与之相关的只有②(经历了数百次失败)和⑤(最终改良了炸药)。那么①③④叙述时就可略去。

所以，我们不妨这样叙述：

化学家诺贝尔为了改良炸药，四年里废寝忘食，一丝不苟地做了数百次实验，换来的却是数百次失败。但他毫不气馁，不断地更换原料，改进方法，在他的不懈努力下终于制成了威力巨大的炸药。

2. 紧扣论点分析论据

分析是联系论据和论点的桥梁，是丰富文章内容、开掘议论文深度的关键。有了分析，事例和论点就成为有机的统一体。用事例论证不是做数学的证明题，不能摆个事例就了事。围绕论点摆出论据后，一定要围绕论点对论据从理论上加以分析，分析一下论据与论点之间有什么关系，讲清论据为什么能证明论点，千万不能只摆事实而不讲道理。只有通过理性的分析，揭示出论据与论点之间的关系，才能使文章产生令人信服的逻辑力量。

（五）论据分析的几种方法

反向假设分析法就是在列举论据后，从论据的另一面进行假设。对语段进行假设分析时，应从例子的反面进行假设，并且用上导引词“如果”“假如”“如果……那么……”“如果……就……”“假使……那么……”等。

例如：

人要有自知之明。(论点)三国时蜀汉的马谡，自以为熟读兵书战策，天下无敌。不听别人劝告，照搬书本知识，将军队驻扎在山上。结果被敌军切断水源，蜀军大败，街亭失守，马谡本人也因此而获罪被杀。(论证分析)假如他能有一点自知之明，知道自己没有什么实战经验，听听别人的正确意见，(观点的反面假设)那么，他就不会落得如此的下场。(得出与论据相反的结论)所以，自以为是，没有自知之明，误国害己！

| 评一评 |

反向假设法可以举两三个例子，分析后再综合得出结论。

面临成功时，需要心安。(论点)试想，如果没有居里夫人在发现钋后仍安心钻研，怎会发现化学元素“镭”？(反面假设，得出相反结果)如果没有我国领导人在国家高速发展之时，仍不满足于现状，怎会有中国今日傲立于世的辉煌？(反面假设，得出相反结果)不沉湎于已有的成绩，安心创造新的业绩，一次次的成功必将不断垂青于他。(分析)心安者，成万事。(结论)

例后评价法就是举例之后再进行评价的方法，结合论点分析论据，揭示论点与论据之间的紧密逻辑联系。

| 想一想 |

下段文字在叙述完论据后，是如何对事实论据进行分析的？

例如：

正所谓“逆境出人才”。史铁生的一生，虽然有些可怜，但他并没有因为残疾而绝望，反而靠着希望一步一步走出了自己的文学道路。这位勇士般的写作者为我们一点一点谱写了生命的真谛，为我们谱写了一首首与病魔战斗的灵魂史诗。这背后的痛苦可想而知。但是，残疾不仅没有夺走史铁生对生活的热爱，没有夺走史铁生继续生活的勇气，反而赋予他源源不断的创作动力，而同时上天也给予了他乐观的心理。

| 评一评 |

例后评价法可以举两三个例子，分析后再综合得出结论

身处逆境时，需要心安。(论点)史铁生，不到二十岁，双腿瘫痪，但他却并未被吓倒，而是安心写作，成为现代文坛一颗耀眼的明星；海伦·凯勒，双目失明，但她却并未被压垮，而是安心练习说话，成为生活的强者、世人学习的楷模；史蒂芬·霍金，全身仅有两根手指能动，但他却并未被击垮，而是安心努力用两根手指写书和工作，终于，一部《时间简史》惊叹世人。(事例)他们都是生活中的不幸者，然而，他们却用内心的安然和自身的努力，使自己成为生活中的万幸者。(对事例进行综合分析)心安者，成万事。(结论)

因果分析法就是对论据中的行为结果，沿着“为什么”这条思路，探究其根源，发现其本质，使内容逐步深化。

| 想一想 |

下段文字在叙述完论据后，是如何对事实论据进行分析的？

例如：

自信，但不能盲目。（论点）三国时的马谡乃蜀军一员大将。镇守街亭，他把二十万大军驻扎在山上，久经沙场的老将王平力劝他撤离此山，理由让在场的将士信服，但唯有马谡仍然坚持自己的意见，结果被司马氏围山断水，放火烧山，蜀军不战而乱，几乎全军覆没。马谡也依军法被处斩，身首异处。（事实论据）街亭失守（论据的结果），是因为马谡不懂兵法吗？不，他自幼熟读兵法，曾献计于诸葛亮，使其七擒孟获，平定南方边境。马谡的失败，是因为他狂妄自大，盲目自信，不听取别人的正确意见（论点）。

共性归纳法就是即在列举多个典型论据之后，归纳总结它们的共同点，扣在要证明的论点上。思路：归纳共性—揭示观点。标志性词语："由此可见""总之"等。

|想一想|

共性归纳法往往要综合运用因果分析法和假设分析法。

例如：

贫困也是一笔财富。司马光出身贫寒；范仲淹两岁丧父，随母改嫁，幼时连稠一点的粥都难以吃到；宋濂家中一贫如洗；高尔基曾经是个流浪儿；凡·高也曾穷困潦倒，一文不名，生活上常靠弟弟接济；居里夫人刚满十岁，就外出打工……

这些历史名人都饱受贫困，也正是贫困激发了他们的斗志，使他们更积极地去改变现状，成就别样人生。由此看来，贫困并不可怕，可怕的是丧失摆脱贫困的信心和斗志。穷则思变，就要奋发图强，越是贫困越激励人奋发上进，这何尝又不是一笔财富呢？

| 练一练 |

1. 围绕中心论点选取恰当的事例材料。

(1)论点：生活需要宽容。

论据：①宽容是中华民族的传统美德，是中华文明发展的重要构件；

②宽容是人与人友好交往的桥梁，是人们心灵沟通的桥梁；

③宽容是一个人文明素养的具体体现，也是事业成功的保证。

(2)论点：坦然面对生活。

论据：①坦然是一种精神，一种百折不挠的精神；

②坦然是一种勇气，一种坚持到底的勇气；

③坦然是一种自信，一种平淡中的自信。

2. 习作欣赏，请用横线画出下面文章中的道理论据和事实论据。

坦然面对生活

有人感喟，生活就像一条崎岖的山路，坑坑洼洼——活着太累！

有人嘘叹，生活就像一杯白开水，无滋无味——活着真烦！

其实生活是一幅美丽的画，一曲动听的歌，一首欢快的诗——活着真好！

做到这一点，其实也很简单，只要你能坦然地面对生活。

那么，什么是坦然呢？

坦然是一种精神，一种百折不挠的精神。生活的道路上总会有这样或那样的挫折，只要你能在逆境中奋起，不向困难低头，你就是最终的胜利者。

贝多芬就是这样的人，他的一生多灾多难：爱人抛弃了他，疾病死缠着他，甚至失去了音乐家最宝贵的听觉。可他却说："我要扼住命运的咽喉。"在这种顽强精神的支撑下，他创作出了许多如《命运交响曲》一样的经典乐曲。

坦然是一种勇气，一种坚持到底的勇气。鲁迅说过："伟大的心胸应该表现出这样的气概——用笑脸来迎接悲惨的厄运，用百倍的勇气来应付一切的不幸。"

面对失败或挫折，不要灰心，因为失之东隅，收之桑榆。

坦然更是一种平淡中的自信。泰戈尔说过："天空没有留下我的痕迹，但我已飞过。"这不是对"坦然"最好的诠释吗？是的，许多事情的结局我们不可预料，也承担不起，我们只需尽力而为，但求无愧于心。

凡·高是个伟大的天才画家，他的《向日葵》名扬世界，可是他不能坦然地面对生活，错误地选择了死亡。我们在哀其不幸的同时，也同样怒其不争。

请记住：没有蓝天的深邃，可以有白云的飘逸；没有大海的壮阔，可以有小溪的优雅；没有原野的芬芳，可以有小草的翠绿；没有高山的雄伟，可以有平原的辽阔！生活中没有旁观者，只有当事人。

所以，我们只有坦然地面对生活，生活才能给我们以快乐的体验。

三、论证

我们常常看到这样的作文：第一段提出论点，第二段摆出一两个事例，第三段做小结，这样的文章即使观点是明确的，所举的事例是恰当的，文章结构也完整，但人们读后往往还是觉得道理讲得不透，内容贫乏单薄，文章苍白无力。这是为什么？一个重要的原因是没有学会运用多种论证方法。

（一）论证的定义

论证是用论据来证明论点的过程，目的在于揭示论点和论据之间的内在逻辑关系。

把握论证的定义和类型

（二）论证的类型

议论文的论证一般分为立论和驳论。此前已有论述，不在此赘述。

| 评一评 |

立论和驳论都是一种证明，无非一个从正面证明其正确，而另一个从反面证明其错误。它们可以使用基本相同的论证方法。

(三)论证的基本结构

合理安排论证结构，就是要对议论文的全文进行总体设计。这个总体设计的前提，是认真分析和研究文章中所要阐述的论点和论据，弄清论据与论点之间、论据与论据之间的关系，然后形成一个合乎逻辑的思路，进而合理安排文章的论证结构。① 常见的论证结构主要分为以下四种。

把握论证的基本结构

1. *总分式结构*

“总—分”式。先提出论题或论点，然后从几个方面进行论证。巴甫洛夫的《给青年们的一封信》，先提出全文的主旨——“我对于我国献身科学事业的青年们的希望”之后，便从“循序渐进”“要虚心”“要热情”三个方面分说。

“分—总”式。先对所要论述的问题分几个方面剖析，再顺理成章地归纳总结。吴晗的《说谦虚》，先由“满招损，谦受益”提出问题，然后分别从认识论的高度加以论述，再联系社会主义建设和研究学问的领域的实际需要加以印证，最后用毛泽东的“虚心使人进步，骄傲使人落后”作为全文的总结。

“总—分—总”式。先总出论点，然后从几个方面论述，最后总结全文，形成结论。《反对党八股》是先总说“反对党八股”(主张“以毒攻毒”)，后分说党八股的“八大罪状”，再总说“党八股”的危害性及反对“党八股”的重大意义。

| 评一评 |

就一篇文章来说，有的论证思路是单一的，有的是综合的。一般情况下，写议论文不是单纯采取单一的论证结构方式，而是几种论证结构方式的综合运用。至于选取哪种论证结构方式最为适合，那要看论证的内容而定。

2. *层进式结构*

在论证思路中，层层深入，步步推进，这就是层进式结构。它的特点是各层的前

① 参见张福庆：《高校议论文写作教程》，169～263 页，北京，世界知识出版社，2011。

后顺序有严格要求，不能随意变更。一般议论文采取先提出问题，再分析问题，然后解决问题的思路，层层深入地安排论证结构。为了使文章富于说服力，又容易被人接受，我们写议论文时常常按照由浅入深、由简单到复杂、由具体到抽象、由读者熟悉的到读者不熟悉的顺序展开论述，因为它符合一般人的思维规律、认识规律。例如，毛泽东的《反对自由主义》一文，即先提出中心论点，再列举自由主义的十一种表现，接着再进一步分析自由主义的危害性、思想根源，最后提出克服自由主义的办法——从现象到本质，层层深入，步步推进。

3. 并列式结构

在论证思路中，或者是把分论点并列起来，或是把论据并列起来，这就是并列式结构。把分论点并列起来，是为了论述的方便，说理清楚，将文章的中心论点分解成几个平行的、并列的分论点。例如，施东向的《义理、考据和辞章》，就分别从义理、考据和辞章三个不同方面加以论证。为了摆事实、讲道理，有时候就需要把几个不同角度的论据并列起来。例如，吕叔湘的《错字小议》就从常见的错字、因形近或者音近造成的错字、引古籍疏忽造成的错字、语意相反的错字等方面，论证了“错字造成阅读上的困难，程度不同”这样一个道理。

4. 对照式结构

在论证思路中，把两种事物或意见加以对比，或者是用另一种事物或意见来烘托某一种事物或意见，这就是对照式结构。例如，毛泽东的《改造我们的学习》一文中，“将两种互相对立的态度对照地讲”就是典型的对照式：用主观主义态度和马克思列宁主义的态度进行对照。文中不仅有宏观的结构上的对应，更有内容甚至词句上的对应，堪称对照式的典范。

（四）论证的常用技巧

教师资格考试的写作题对议论文写作中论证方法的要求是“说理透彻”“有分析比较”。也就是说要能用恰当的论证方法，选用富有说服力的论据来进行较为充分的说理论证。那么考生如何才能做到这一点呢，下面六大常见的论证技巧是考生冲击高分所必须熟悉的。

把握论证的常用技巧

1. 征引事实，议而不空

引用事例来证明论点，必须注意：所用事实无论古今中外，都要有典型性；运用生活中的现象作为依据，由于贴近实际，因而更具说服力。当然，前提是不能用道听途说而不真实的内容，不能是人云亦云而不加以思索、分析的内容，不能是妨害他人利益甚至危害社会的内容。引用事例之后，需加以分析，概括论断，透过现象，揭示其本质。千万不可就事论事，以叙代议。

例如，《锲而不舍，金石可镂》中，作者先举了蒲松龄放弃科举、立志著文的事，说明只要具备了“锲而不舍”的精神，就能事业有成，然后又列举了丹麦天文学家开普勒三十年如一日地观察星象，终于发现了运动的三大规律，更形象地说明了什么是“锲而不舍”的精神。

2. 经典名言，引理论事

为了强化文章的说服力，考生可以引用名人名言，也可以引用成语、谚语、科学定律等，但是要注意引用是为论点服务的，以有用为标准，与论点无关的内容再好也不要用。引文要正确无误。引用的内容一定要融入作者的分析论证中去，引而不论，则成了冗词赘句。

例如，在写《金钱·生命·时间》时，考生可以分别引用以下名言来对自己的观点反复地加以论证。谢觉哉：“为了革命事业，可以牺牲生命，为了革命，又必须有生命的存在和生命的长存。”鲁迅：“时间就是性命。”

3. 正反对比，说理深刻

对比论证有“纵比”与“横比”之分。“纵比”就是现实和历史对比，“横比”就是两个对立事物的对比，美与丑、好与坏、高与低、深与浅、先进与落后等，在二者的对照中可以得到显豁的表明。

例如，《劝学》：“吾尝终日而思矣，不如须臾之所学也；吾尝跂而望矣，不如登高之博见也。”这是前句和后句的对比。“锲而舍之，朽木不折；锲而不舍，金石可镂。”这是上句和下句的对比。作者又把蚓和蟹放在一起来比较：“蚓无爪牙之利，筋骨之强，上食埃土，下饮黄泉，用心一也。蟹六跪而二螯，非蛇鳝之穴无可寄托者，用心躁也。”

4. 设喻类比，鞭辟入里

为了说明某一事物的特殊性质，先把与之类似的另一种事物拿来进行比较，加以分析，推导出这种事物的本质属性，这就是类比论证。比喻论证是以虚证实，它的特点是借典故之类作比，把某些属性相同的事物放在一起进行比较，阐明问题，说清道理，以证明论点。它们都是以熟悉喻陌生，以具体喻抽象，以浅显喻深刻。类比论证是以彼证此，目的是找出道理的相同之处，使人乐于接受。

考生在做类比论证时要注意：类比的事物必须是同类事物，即具有共同的本质属性。从不同的角度挖掘类比点。在进行比喻论证时要注意：使用比喻论证，可以把整个论题和某一事物联系起来，通过对这一事物特点的分析引出中心论点，再围绕中心展开论证。用来比喻的事物应该是人们所熟知的，如果用故事做比喻，一般要概述故事的内容，以帮助读者理解。

例如，作者在《追求》中这样写道："小溪追求大海，幼芽追求阳光，雄鹰追求蓝天，风帆追求激流。"以此说明人是万物之灵长，更得有追求。"自古以来，世间有各种各样的追求。蜜蜂追求花朵，苍蝇追求腐臭。高尚的追求，使生命变得壮美，使精神变得富有；庸俗的追求，使生命变得黯淡，使青春变得衰朽。"这一类比恰如其分。

5. 变换角度，由反知正

有时不从正面直接证明论点，而是假设出与这个论点相反的情况，分析其错误以证明前一个论点的正确，这就是假设论证，又叫反证法。假设论证还有另一种形式，即为了证明对方观点是错误的，先假设其观点正确，经过严密的逻辑推理，得出一个荒谬的结论，由此来判断对方观点是错误的，我们称之为归谬法。

例如，《个人与集体》一文中，作者先推出了错误观点："人人为自己，也就是人人为大家。"接着又用反问的方式提出：假定，在日本帝国主义侵略我们国土的那些年里，大家抱定"人人为自己的各顾各的态度，请问，还有没有我们民族的独立与生存？"以此说明前观点的荒谬绝伦。

6. 巧析个别，推知一般

从众多的典型事例中，归纳出一个共同的、一般的、具有普遍性的结论的方法就是归纳论证。世间万事万物中，个别的现象或事例，总体现着一般的规律。而在一般的规律中，总包含着个别的现象，这是归纳论证法。客观存在的依据，可以是列举归纳，也可以是选择归纳，还可以通过科学分析归纳。

例如，《报任安书》一文中，作者为了证明自己的观点——身处逆境，有所郁结的人才会有名垂后世的发愤之作，说了这么一段话："盖文王拘而演《周易》；仲尼厄而作《春秋》；屈原放逐，乃赋《离骚》；左丘失明，厥有《国语》；孙子膑脚，《兵法》修列；不韦迁蜀，世传《吕览》；韩非囚秦，《说难》《孤愤》；《诗》三百篇，大底圣贤发愤之所为作也。此人皆意有所郁结，不得通其意，故述往事，思来者。"

|评一评|

在议论文的写作当中，论证方法的应用取决于论证的需要。一般来说，是在形成文章的论点之后，再去构思怎样论证这个论点并搜集材料、选择论据，从而决定使用哪些论证方法，而不是先定好使用何种论证方法，再去确立论点，选择论据。再者，在一篇文章中，甚至一段中，常常不止使用一种论证方法，多种论证方法的运用，会使文章显得富有变化。

思考与练习

1. 议论文写作应该注意哪些要素？应该如何立论？

2. 阅读下面的材料，概括这一部分的论证思路。

一个人若要有发现、有创造，就不应当畏惧错误。倘若你想把一切错误都关在门外，那你也必将永远被关在真理的门外；倘若你想避免任何失败，那你也必定永远得不到成功。有人说："若不让错误出生，便不会有真理降世。"这是有道理的。奠定电磁学实验基础的法拉第，正是由于不怕一而再再而三地失败，经过近十年的艰辛努力，终于使磁铁产生了电流，开拓了电磁学的新领域。欧立希也以惊人的毅力，在失败了数百次之后，才成功地制成了药品坤凡纳明。无怪德国物理学家普朗克在获取诺贝尔物理学奖时深有感受地说："回顾……最后通向发现（量子论）的漫长曲折的道路，我对歌德的话记忆犹新。他说，人们若要有所追求就不能不犯错误。”当然，这绝不是说不要努力去防止和减少犯错误，或者说可以对错误持满不在乎的态度，而是说不要因为惧怕犯错误而畏首畏尾，缩手缩脚。这也怕那也怕，是成就不了事业的。

3. 阅读下面的材料，概括这一部分的论证过程。

贝多芬曾说，只有在不利和艰难的遭遇里百折不挠才能成就卓越。江苏女孩吴晶从小双目失明，站在这样的“人生起跑线”上，她却乐观自信，在艰难中磨炼自己，最终不仅成了杰出的残疾运动员，还是一名品学兼优的大学生。吴晶虽然“输在起跑线上”，但同样“跑”出了精彩的人生。再如，浙江的滕头村在创业发展之初，“起跑”时也大不如人，但坚持不懈的努力却使它成为闻名中外、富甲一方的社会主义新农村的典型。所以，自暴自弃、怨天尤人是无济于事的，只有充满自信、不言放弃，才能将“起跑线上的输”最终转变为“终点上的赢”。

项目八　应用文写作

应用文的使用非常广泛，在工作、生活、学习中我们免不了要写应用文，小到写消息，大到写计划、总结、演讲稿等。正如叶圣陶所说的那样：“大学毕业生不一定能写小说、诗歌，但是一定要能写工作和学习中实用的文章，而且非写得既通顺又扎实不可。”学习应用文写作，可以提高学习者在言语交际、文字表达、思维训练等方面的能力。本项目仅阐述事务类应用文、传播类应用文、职业规划类应用文的写作方法和技巧。

学习目标

1. 了解事务类应用文、传播类应用文、职业规划类应用文的常见文体及写作技巧。

2. 能够写出观点正确、结构合理、语言得体、标点正确的应用文。

知识导图

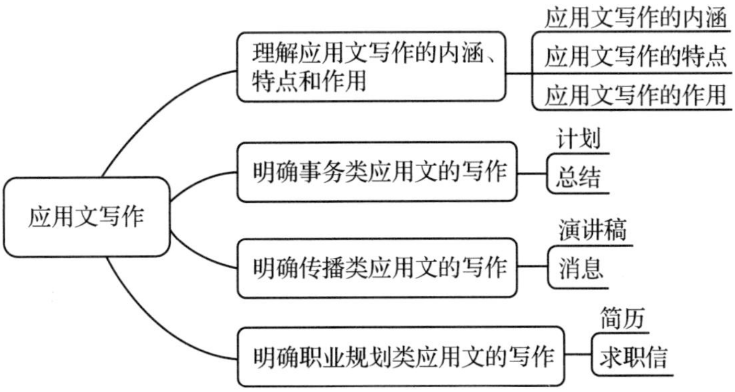

▶任务一
理解应用文写作的内涵、特点和作用

理解应用文写作的
内涵、特点和作用

| 说一说 |

结合个人的写作经验，谈一谈你认为什么是应用文写作。

一、应用文写作的内涵

应用文写作是为了处理公务和个人私务而写的，用于解决实际问题。人们通常把实用型文章的写作称为应用文写作，而实用型文章是同欣赏型文章相对而言的，是指为解决实际问题而撰写的各类文章，是在社会生活中有着特定的用途的文章。例如，科研单位的人员需要用学术论文；政府机关指导工作需要用公文；工商企业经营需要用合同；打官司需要用诉状；即使个人今天生病了、不能上课，也需要用到请假条等。

相对于其他文学体裁来说，应用文的使用频率要高得多，许多人可能一辈子不写小说、剧本、诗歌、散文，但在工作、生活、学习中却免不了要写应用文，小到写张请假条，大到计划、总结、论文等。可以这么说，应用文使用得广泛，已经到了无所不在的程度。综上所述，应用文是国家机关、企事业单位、社会团体或个人在处理各项公务和日常事务中为解决实际问题时所使用的具有惯用格式的实用性文章的总称。

二、应用文写作的特点

应用文同别的文学体裁比较，有共性，也有个性。共性是它们都是对客观事物的反映，都要谋篇布局、用词造句、使用标点符号，讲究条理性、逻辑性。但同时必须体现其个性特征，具体表现在以下几方面。

（一）实用性

随着社会经济的不断发展和信息时代的到来，人们的交往更加密切，需要传递的信息日益增加，人们几乎随时随地都离不开应用文这个记录、传递信息，商洽、处理问题的工具。

（二）真实性

应用文为解决实际问题而作，强调的是方针政策的正确和客观事实的真实。一切从实际出发，按照客观规律行文，事实确凿可信，统计数据准确无误、不夸张。

（三）简明性

应用文的写作目的是处理或解决实际问题，它的语言在准确得体的基础上必须做到简洁明快、通俗易懂，不能堆砌辞藻、滥用修辞。

（四）时效性

应用文为实用而作，为解决实际问题、应对突发事件、迅速及时传递信息而作，所以务必及时迅捷，否则贻误时机，错过解决问题的最佳时间，将会给学习、工作和生活带来诸多不利。

（五）规范性

各类应用文一般都有惯用的格式，也就是程式性。应用文在漫长的使用和发展过程中，形成了相对稳定的规范格式和语言。各类应用文都有特定的适用范围，不可随意交换使用。

三、应用文写作的作用

（一）宣传教育作用

借助行政公文的法规制度，党的方针政策得以进行及时和权威的宣传，它们对个人组织做出道德和行为规范，以统一思想和行动；各级企事业单位也可以通过宣传类应用文使自己树立良好的社会形象；社会团体和人民群众则可通过报告等形式更好地贯彻执行党的路线、方针和政策。

（二）权威规范作用

应用文是行政管理的工具，党和国家的各级组织、各部门的组织系统以及企事业单位，从上到下都是通过公务应用文来传达法律规范、方针政策、意见办法，来部署工作，实现领导职能的。如下达的命令、决定、通知、批复、意见等，具有领导和规范作用。

（三）沟通协调作用

上级机关可以通过批复、命令等应用文下达指导；下级机关可以通过报告、请示等应用文报请有关事情；企事业单位和人民群众可以通过各种专用书信、启事、函件等应用文来沟通思想、传递信息，加强联系。

（四）依据和凭证作用

应用文还是单位、团体履行职责、开展公务活动的真实记录，大部分文种在宣传政策、指导工作、规范行为、沟通信息的同时，也具有便于检查、监督的凭证和依据作用，一旦阅办完毕，便需立卷归档，以便查考。

| 想一想 |

如何理解应用文写作的实用性和真实性？

▶任务二 明确事务类应用文的写作

文化是人类生活方式的整体，人们的日常生活和工作则是这个整体中的主体。当各种各样的日常事务进入应用文写作的层面，必然会出现种类繁多的事务类应用文，以工作和生活中的实际需要为写作动机，以解决方方面面的问题为写作目的。这类应用文看似容易，但千万不能掉以轻心，应该以踏实、务实的心态对待这类与生存技能、自身发展和职场工作密切相关的应用文。可以这样说，只有掌握了常用事务类应用文，才能真正从校园进入社会、适应社会、融入社会。

| 说一说 |

你认为事务类应用文有哪些种类？

一、计划

计划是社会团体、企事业单位或个人对未来一定时期的工作、事项、活动等做出预先打算和安排，确定目标、任务、措施所形成的一种事务类应用文。计划能够帮助我们提高工作、学习、生活的自觉性和主动性，避免盲目性和被动性，从而提高效率。另外，计划还是执行过程中和事后对工作进行检查督促的有效依据和手段。

如何写事务类应用文——计划

| 评一评 |

材料一：

个人新学期学习计划

一年之计在于春，我必须要明确学习目标，打好语言基础，争取获得良好成绩，在大学里学到丰富的专业知识，增加文化素养，提升自身素质。通过做学习计划，我进行自我督促和勉励，端正学习态度。学习计划具体安排如下。

第一，语文，我要多阅读，一学期努力读 30 本书。光是多读还不行，还要读好书。“读书破万卷，下笔如有神”，多读书可以提高自己的写作水平，这些书里有很多的好词、好句和很多的修辞手法，都是我可以学习和积累的知识。

第二，语文课上我要认真听讲，下课努力多读和多思考。如果老师讲的东西都学不扎实，就不能提升自己的语文知识和水平。

第三，我要坚持写日记，努力争取这个学期写够 50 篇。日记是记录我们生活点点滴滴的使者，也是锻炼我们写作能力的教官，写日记不是只求数量，要的是精彩的内容，不然全都无用。

第四，数学，除了要上课认真听讲外，我还要多做题，多练习，勤思考，多发现；数学问题无处不在，只有多写多练才能提高自己的学习水平。

第五，英语，这是我最喜欢的一门学科，我要多读多练，争取明年三月份拿到××少儿英语三级证书。

第六，此外，我还要加强体育锻炼，让自己有一个健康的身体；把钢琴练到八级……

以上便是我本学期的计划，我一定会认真完成和执行，在一项项任务中让自己的学习和生活变得充实，不断提升自己。

×××

××××年×月×日

评析：这是一篇新学期的学习计划，由标题、正文、署名和日期组成。正文采用的是条款式写法，逐条逐项地把内容写清。正文包括前言和主体两部分，前言部分简单说明新学期制订学习计划的目的，主体部分阐述了具体科目的任务，各项任务明确具体，便于执行，原则性和指导性较强。

材料二：

××小学四年级(5)班新学期工作计划

新学期、新气象，今天我们迎来了新的学期。为了增强班集体凝聚力，创建良好的班风学风，我制订了本学期的班级工作计划。

一、主要工作目标

第一，继续加强对学生良好行为习惯、学习习惯的培养，配合课任老师抓课堂常规。教育学生努力学习，积极进取，热爱集体，遵守纪律，讲究卫生，争当文明学生。

第二，开展有效的主题活动，加强思想品德教育和创新精神与实践能力的培养，加强安全教育、感恩教育、爱国教育，面向全体学生，促进学生全面发展。

第三，让学生参与班级管理，培养学生的组织能力和责任心，使每个学生都有成功的机会和成就感。培养学生的参与意识，提供让学生展示才华的机会，在潜移默化中逐渐形成自理自治能力，体现学生的主体地位，发掘创新精神。

第四，激发学生的学习兴趣，配合任课教师教给学生自主学习的方法，促进教学质量的提高。

二、采取措施

第一，加强学生的思想品德教育。首先，要教育学生树立爱祖国、爱集体的思想。利用班会课、中队会和少先队活动，开展“讲英雄故事”、观看爱国主义影片、国旗下讲话、爱国主义教育月等活动，有效地对学生进行爱国主义教育。其次，要教育学生遵守社会、学校及班级规章制度。引导他们通过学习《小学生日常行为规范》和《小学生守则》，从小养成爱集体、爱他人、守纪律、讲文明的道德品质和文明行为，增强学生的荣誉感。

第二，组建一个良好的班干部队伍。这学期我仍将采取班干部竞争上岗制，竞选班干部，组成班委会，并实行班干部定期轮换，让学生逐步学习自我管理，也让更多的学生得到锻炼的机会，让每个班干部的潜能都得到充分发挥。班干部齐心协力搞好工作，建立一个积极向上，朝气蓬勃的班集体。

第三，紧抓学生的养成教育，搞好班级日常管理。首先，经常性地利用晨会、班队活动，对学生进行尊敬老师、热爱学习、遵守纪律、团结友爱等方面的常规教育和良好的学习习惯的养成教育。其次，充分发挥学生的主体作用，以学生发展为本，以班级日常行为规范为引导，进行自我、小组考核，让学生学会自理。建立正常的卫生值日制度。

第四，激发学生的学习兴趣，提高教学质量。作为班主任，不仅要提高自己所授学科的质量，而且要紧密地与其他任课老师联系，使学生明确学习的目的，培养学习的兴趣，让学生轻松地学习，教育学生掌握并明确学习方法，从而提高自己的学习成绩。

第五，开展丰富多彩的班级活动。为了丰富学生的校园生活，培养学生多方面的能力，这学期计划在班里开展讲故事比赛、歌咏比赛、手抄报比赛等学生喜欢的活动。使学生在这些活动中学到知识，陶冶情操，健康成长，全面发展。

第六，抓好安全和健康教育。本学期依然要把安全教育放在首要位置，使学生自己也认识到安全第一，并进行相应的安全教育。教育学生注意防火、防盗、防溺水，注意生活中的用电安全，上学路上的交通安全等。教育学生要珍爱生命，随时随地加强安全意识，避开不安全的环境，保障自身的生命安全。加强心理健康教育，进一步深化学生的健康意识。

总之，本学期我们要共同努力创建一个良好的班集体，我将尽自己最大的努力，不断地学习和探索，积极完成班主任的各项工作。

×××

××××年×月×日

评析：这是一篇班级工作计划，由标题、正文和日期三个部分组成。其主体是重点，提出了班级安排和要求，班委可以通过本计划理解自己工作的方法和要求，知道自己在班级管理工作过程中将要做什么和怎么做。计划中的各项要求清晰明了，极具指导性，便于实施。

（一）计划的特点

预见性。计划总是为做好未来的工作，完成今后的任务而制定的。它要凭借超前意识预见到工作的发展趋势，以便做出正确决策。

可行性。计划是决策的载体之一，它要指挥或者指导人们的行动，因此在制定目标、任务时都考虑自身的实际，确保目标的实现。

明确性。计划是效果检验的依据，因而计划的各项指标及措施的设置安排必须十分明确，不能含糊。

时限性。计划只在一个特定的时间范围内有效。无论是制定它，还是执行它，离开了一定的时间范围，计划就失去了本来的作用与意义。

（二）计划的种类

按内容分，有生产计划、工作计划、学习计划、科研计划等。

按性质分，有综合计划、专项计划。

按写作方式分，有条文式计划、表格式计划。

按时间跨度分，有年度计划、季度计划、月计划、周计划等。

按制订计划的主体分，有国家计划、省(市)计划、单位计划、个人计划。

（三）计划的格式

1. 文字式计划的结构与写法

(1)标题

由单位名称、时限、事由、文种组成，如“××市××局××××年工作计划”。也可省略其中的一项或者两项，如“××厂职工教育计划”等。但无论怎样省略，都必须保留事由、文种两项。有的计划则采用公文式标题，如“××学院关于留学生入学教育工作安排”。

(2)正文

开头，即引言、前言。这部分可写制订计划的依据，或背景材料，要写得简明扼要，力戒套话、空话、大话。有些大家熟悉的例行工作的计划，也可不写这部分内容，可直接写明工作的总目标、总任务。

主体，是计划的主要部分。计划的四要素都在这部分，只是不同的计划对这些要素有不同的侧重和取舍，比如领导机关制发的工作要点就可不具体写实施步骤和时间，而基层单位的计划则要写清楚这些内容。

这部分可采取下面几种结构方式。

①条文式，把下阶段工作分成若干项目，逐项逐条地写明具体任务要求、措施办法、执行人员、完成时间等。要注意条文的逻辑顺序，可按各项工作的顺序，或者工作的主次轻重安排先后顺序。

②分部式，常用于较复杂的计划。按四要素规定的内容分成若干部分，每部分可

用小标题概括重点或提示内容范围。

③贯通式，常用于短期的、单一的、具体工作的计划、安排。依自然段落分层次写，开头常用提示句，如“这项工作的目标是”之类。

④结尾部分。这部分可以提出号召和希望，激励大家为实现计划而努力；可以简要强调任务的重点和工作的主要环节；可以说明注意事项。有的计划还把督促检查的要求写为结尾部分。结尾部分应根据需要，灵活掌握写法及内容，有的计划甚至可以不写结尾。

(3)落款

写明制订计划的单位(标题中已标明单位的可省略)和制订日期。

2. 表格式计划的写法

表格式计划的写法和条文式计划写法的主要不同是在主体部分，即把任务、措施、步骤、完成时间、执行人员等分项列成表格，依时间先后顺序排列。有的还列上执行情况一项，以反映出计划的实施状况。这种写法眉目清楚，一目了然，直观性强，适用于任务具体、时间性强、程序性强的计划，如生产计划、招生工作计划、学校的教学工作计划等。也有的把它叫作工作日程安排表、行事日历。

（四）计划的写作要求

要立足实际。计划中的指标、措施都应从本单位实际情况出发，指标的提出要留有余地，经过努力能够实现。

要服从大局。克服本位主义，注意协调和综合平衡，但又要体现本单位的工作特点。

要有一定的挑战性。计划要有积极进取的精神，所提的任务和要求要在可能范围内尽力定出最高目标。指标过低，缺乏吸引力，也不利于充分调动积极性。

内容要具体明确，表达要简明准确，有条有理。

｜练一练｜

新学期请为自己制订一份学习计划，并进行小组互评。

二、总结

|想一想|

总结与计划是什么关系？

总结是党政机关、企事业单位、社会团体及个人对前一阶段的工作进行回顾、反思和分析研究，找出成绩与问题、经验与教训，用来指导今后工作的一种应用文体。人们可以通过总结更深刻、更全面地认识过去，了解工作进程，掌握工作情况，以便顺利地开展以后的工作。通过总结可以肯定成绩经验，找出问题教训，规划今后工作和努力的方向。

如何写事务类应用文——总结

|评一评|

材料一：

××师范大学××××年实习总结

××××年11月，我们到××小学进行了近一个月的实习。短暂的实习生活虽然辛苦，但也很有意义。它使我真正体会到做一名教师的乐趣，使我在实践中学到了许多书本上学不到的知识。

我实习的班级是五年级(1)班，一大群十一二岁的小孩子，又可爱、又活泼、又好动、又调皮。听了一周的课之后，我开始走上讲台，开始了自己的“处女作”。我刚开始讲时心情特别紧张，由于经验不足和应变能力不强，在课堂上遇到了很多无法解决的问题。针对出现的问题，指导老师给了我宝贵的建议以及耐心的帮助和支持，我受益良多。为了弥补自身的不足，我严格按照学校的要求，备好课、写好教案、积极向其他人学习，把握好每次授课的机会，锻炼和培养自己的授课能力。

“知之者不如好知者，好知者不如乐知者。”兴趣对一个学生来说是至关重要的。

我的体会是必须把学生的学习兴趣调动起来，使他们在快乐中主动学习，充分调动他们学习的主动性和积极性，激发学生浓厚的学习兴趣。

批改作业，纠正学生的错误是非常重要的。根据各个学生的情况加以勉励之、开导之。我的指导思想是不断给学生纠正错误的机会，直至认识了错误并改正为止。

整个实习期间，我觉得班主任的工作最令我难以忘怀。由于五年级的学生年龄都还小，自我组织和约束的能力比较差。这就需要老师从旁指导，告诉他们应该怎样做。作为老师，在处理问题时必须有较强的应变能力、组织管理能力和坚强的毅力。

近一个月的实习已结束，我会在今后的工作中不断地去回味、去探索。这四个星期里有我的很多“第一次”：第一次真正站在讲台上，第一次面对学生说了很多话，第一次有人叫我老师……这些“第一次”将是我人生中的宝贵的经历，将是我的一笔巨大的财富。我将更好地丰富自己的知识，提高自身的综合素质，努力成为一名优秀的老师。

材料二：

××××年实习总结

××××年7月，我第一次真正地踏入社会，开始了为期两个月的实习生活。时间不长，体会甚多。

首先，我认识到了实习对应届毕业生从校园走向社会起着非常重要的作用，因此我给予了实习高度的重视。在实习期间，我努力找出自身与社会实际需求的差距，为补充相关知识与能力做准备，从而缩短从校园走向社会的心理适应期。

其次，我做到了虚心学习。虽然即将毕业，但我对未来的工作还是很茫然。所以，在化妆品销售公司实习期间，我在产品的培训、产品的整理以及产品的现场营销等方面，都全身心地投入。

通过实习，我发现自己在学校所学的专业知识严重不足，不能适应复杂的工作要求，由于没有工作经验，时常感觉无从下手。因此，我及时调整思路，主动向老员工学习，不断学习销售的技巧，努力提升业务水平。

在工作中，我特别注意销售细节，用自己真诚的微笑、清晰的语言、细致的推介、体贴的服务打动消费者。也因此，在实习期间，我取得了很大的成功。

本次实习，获益良多。它培养了我的实际动手能力，增加了实际的操作经验，缩短了课本知识与实际工作的距离，让我对实际工作有了一个全新的了解。实习是每一个学生必须拥有的一段经历。它使我们在实践中了解社会，使我们学到了很多在课堂上学不到的知识，开阔了视野，增长了见识，为我们以后走向社会打下了坚实的基础。

×××

××××年×月×日

评析：这是两篇实习总结，都由前言、正文和结尾三个部分组成。前言部分概述了实习的时间、地点、工作内容和内心感受，简明扼要。主体部分列举了实习期间的几项重要工作，总结了实现过程中的经验和教训。结尾总结了各自对实习工作的感受和今后努力的方向，主次分明，重点突出。

（一）总结的特点

回顾性，总结首先要回顾实践或工作的全过程。

经验性，总结旨在把实践中的经验归纳出来。

说理性，进行理性分析，找出带有规律性的东西，用以指导今后的工作，这就是总结的实质。

简明性，总结通常只做概括叙述，做简要说明，做直接议论，而不必多方论证。

（二）总结的种类

按内容分，有工作总结、生产总结、学习总结和思想总结等。

按时间分，有年度总结、季度总结、月份总结和阶段总结等。

按范围分，有单位总结、部门总结和个人总结等。

按性质分，有全面总结、专题总结等。

（三）总结的结构和写法

总结的结构一般包括标题、正文和落款。

1. 标题

一般包含单位、时限、内容和文种，这是“完整式”标题。综合性总结一般都采用这种形式的标题。有的采用公文式标题：单位名称＋时间＋事由＋文种。有的采用双标题：正标题点明文章的主旨或重心，副标题一般用公文式标题。有的采用新闻式标题：标题只是对内容的概括，并不标明“总结”字样，但一看内容就知道是总结。例如，如果做大一阶段的学习经验总结，可以分别采用以下三种标题。

公文式：“×××大一学习经验总结”

双标题式：“合理安排、劳逸结合——×××大一学习经验总结”

新闻式：“谈谈我如何安排大一的学习生活”

2. 正文

正文包括总结基本情况，取得的成绩，存在的问题，经验、体会和教训，设想和安排。其中基本情况主要包括四方面：在什么情况下(环境)、原计划做什么(任务)、实际怎么做(工作过程)、怎样看待工作成效(基本评价)。

3. 落款

落款包括署名和日期。

（四）总结的写作要求

深入调查研究，掌握充分材料。归纳过去没有或与过去不同的东西，不能老生常谈，千万不要漏掉好的经验、体会和材料。

观点与材料统一。不能有了新发现就匆忙落笔，而应当找出其中能够揭示事物本质、带有规律性的东西。

要突出重点，详略得当。写好重点经验。总结的主要内容包括：基本情况概述(10%)、成绩和经验(60%)、问题和教训(20%)、今后努力的方向(10%)。

语言准确、简洁、朴实。

| 练一练 |

1. 请对下面这份学习总结进行评析。

结束了，一切都结束了。再见了，我的高中生活。再见了，我的高三。再见了，我那些有趣的同学们。再见了，我那些有些舍不得的老师们。再见了，我那优美的校园。再见了，我那校园里的池塘。再见了，我待过的五个教室。再见了，我的三个班主任。

我，真的毕业了。为什么到现在才真正有了点儿感觉，稍微有了点儿伤感。为什么我连最后的毕业照都没有照啊？虽然有点后悔，但我真的离开那里了。今天中午11点10分，我踏出了校园的大门，便再也回不去了。

迎接我的是那未知又让人无比向往的崭新的生活。我要为我的梦想去奋斗了！

2. 请你为这学期以来学习和生活情况写一个总结。(字数要求：500字以上。)

▶任务三
明确传播类应用文的写作

随着信息时代的来临，传播成了人与人之间、组织与组织之间、族群与族群之间沟通的桥梁。离开了传播，公众无从了解组织，组织也无从了解公众。组织与公众的沟通，在很大程度上依靠信息传播。传播类应用文是应用文体系中的一个分支。它对社会公众的思维方式、行为习惯及生产生活等各方面都能产生重要的影响，反映了各部门、各地区、各领域的新情况、新动态，并传递着最新的消息。

传播类应用文是指为配合一定时期、一定主题的中心工作和任务，借助一定的媒体向社会公众介绍某些人物、事件或相关知识，以实现让人知晓为目的的一类应用文。它包括消息、通讯、新闻评论等。此处主要介绍演讲稿及消息的写作。

| 说一说 |

传播类应用文的特点有哪些?

一、演讲稿

| 想一想 |

演讲稿的种类有哪些?

演讲稿也叫演说词，是在较隆重的集会和会议上发表的讲话文稿，可以用来交流思想、感情，表达主张、见解，具有宣传、鼓动和教育作用。

如何写传播类应用文——演讲稿

| 评一评 |

材料一：

难忘历史　再创辉煌

尊敬的各位领导、老师、同学：

下午好!

我今天要演讲的题目是“难忘历史 再创辉煌”。

在开始演讲之前，我先给大家讲讲我身边的人和事。我的父亲是1955年生人。他经常说这样一句话：“我们这一代人啊，什么都赶上了。”我想，在座的领导、老师当中就应该有我父亲的同龄人，或许只有他们，才能更真切、更深刻地理解其中的含义。因为他们的人生历程经历了风风雨雨，体验了生活的酸甜苦辣，同时他们也目睹了中国的发展和变迁。

我想，我父亲所说的赶上了，应该首先说的是赶上了那些苦难的岁月。父亲说，小的时候，家里孩子多，身上只穿着一条单裤的他在寒冷的冬天瑟瑟发抖，过年的时候能吃上白面馒头都成了一种梦想。

改革开放后，中国的政治、经济、军事、文化、体育、航天事业飞速发展，有数字为证：改革开放以来，我国经济取得了年均9.8%的快速增长；中国解决了十几亿人口的温饱问题；人民生活水平稳步提高，百姓安居乐业。1997年7月1日，香港回归。1999年12月20日，澳门回归。2003年，我国首次载人航天飞行，“神舟”五号载人飞船安全着陆。2008年北京成功举办了第29届夏季奥运会，我国赢得奖牌数目达到100枚。2022年6月，“神舟”十四号载人飞船进入太空，12月，“神舟”十四号载人飞船成功着陆。2022年北京成功举办了第24届冬季奥运会，我国以9金4银2铜收官，位列奖牌榜第三。凡此之类的数字，不胜枚举。

辉煌的成就背后，还有千千万万的建设者，我们也是其中的一个。虽然我们的力量有限，但是我们相信，有限的力量汇聚起来，必定会倒海翻江卷巨澜！

当然在辉煌的背后，我们依然会经历这样那样的磨难，但是，我们坚信，我们有强而有力的领导核心，我们有不屈不挠的人民，我们有敢于开拓的力量，即使有再大的困难，我们一样能勇敢地面对。

评析：这篇演讲稿先从身边的人和事谈起，与听众拉近了距离，达到吸引听众的目的，描述了祖国苦难历程进，通过一系列的数字讴歌了祖国所取得的辉煌成就，主题鲜明，思路清晰，最后号召大家勇于面对困难，再创辉煌。

材料二：

长征的铁骨精魂

同志们、朋友们：

随着精神文明建设的纵深发展，革命先烈的“长征精神”以独特的魅力，吸引着众多的年轻人到长征路上去追寻、去思考。“地址都成了遗址，笑容都成了遗容：长征是他们的苦难，苦难是他们的光荣。”这是一位重走长征路的年轻军人写下了的诗句。就在那段风雨如晦的岁月，30万红军经过长征，只剩下了3万，而他们活到今天的，已不足 300 人。但这用无数生命写下的英雄史诗，已成为中国革命和人类历史上一座高耸入云的丰碑，一段永不磨灭的铁骨精魂的回忆。

1934 年 10 月 16 日傍晚，8 万中央红军由于第五次反“围剿”的失败而被迫突围西行，开始了“万水千山只等闲”的长征。这时候，远隔千里的蒋介石指着地图狂妄地叫道：“他们是走向深渊，走向死亡！”

短短一年后，当他面对追获的一大堆烂草鞋的时候，他不得不承认，这股头戴红星、足踏草鞋的铁流是不可阻挡的。

在长征中，有这样一个故事。一位红军将领的母亲，在当地乞讨，听说儿子在部队当官享福，便气冲冲地找上山去。队伍正好开饭，老人看到的是清水煮的树皮、草根，外加一段牛皮带。她流泪了，于是提起篮子将自己讨来的芋头全部倒进了锅里。这竟成为战士们难得的一顿美餐。为了欢迎这位母亲的到来，战士们演唱了自编的《牛皮腰带歌》：“牛皮腰带三尺长，草原荒地好干粮，熬汤煮菜别有味，端给妈妈来品尝。”老妈妈挂满泪花的脸上露出了笑容。

在这些可亲可敬的战士面前，她怎能不为之动情，为之自豪？还有一次过草地，一位在战斗中刚刚入党的警卫员，为了抢救陷入泥沼的文件箱，献出了年仅 18 岁的生命。当他渐渐沉下去的时候，手里紧紧攥着一块银圆，这是他第一次也是最后一次交的党费。

长征后，这样的事情时有发生，然而队伍每天都在顽强地向前、向前……作家索尔兹伯里惊呼：这是前所未闻的神话。

而远涉中国的西方记者斯诺，则把这称为“东方魔力”。令他们不解的是，到底是什么力量支撑着红军创造了这一奇迹？其实很简单，就是头顶上那颗鲜红的五角星以及它射出的希望之光。这正是千百年来我们所固有的，具有强大凝聚力、鼓舞力、战斗力和创造力的民族精魂。从孟子的“贫贱不能移，威武不能屈”到谭嗣同的“我自横刀向天笑，去留肝胆两昆仑”，从文天祥的“人生自古谁无死，留取丹心照汗青”到吉鸿昌的“恨不抗日死，留作今日羞”，历史证明：“民族的精神一旦被唤起，其威力是无穷无尽的！”

今天，我们的民族又开始了建设中国特色社会主义的新长征。虽然没有雪山和草地，但我们同样面对着历史和时代的挑战。这挑战，是一种更为长期、更严峻的考验。它表面上并非那么艰难、那么壮烈，但要取得胜利，却是相当不容易的。红军在枪林弹雨、雪山草地之间打不烂、拖不垮，他们的骨头无疑是最硬的；红军面对敌人的屠刀与诱惑，没有丝毫的奴颜和媚骨，他们的性格无疑是最宝贵的。在新长征路上，我们同样需要这种铮铮铁骨的精神，同样需要这种用黄河、用泰山塑造起来的民族性格、民族精魂！

当每个中国公民都具备长征的铁骨精魂时，我们的国家、我们的民族就会以更新、更美的形象屹立于世界的东方，并以此告慰长征路上那不屈的英魂！

评析：这是一篇议论型演讲稿。作者缅怀红军先烈的英雄业绩，认为应该用长征的铁骨精神激励后人，并向今天的青年提出了要求：要继续进行新的长征。全文引述的材料具体、丰富、生动，有真实的典型事例，有名言警句，有数据统计，从而有力地论证了中心论点。文章的结构紧凑，思路清晰。本文的语言表达富有鼓动性和感染力，运用比喻、夸张、排比等修辞手法，谈古论今，纵横自如，时而冷峻严肃、引人深思，时而慷慨激昂、给人力量。

（一）演讲稿的种类

从演讲场合划分，可分为会场演讲稿、广播演讲稿、电视演讲稿、课堂演讲稿、法庭辩论稿等。

从演讲内容和性质划分，可分为政治演讲稿、学术演讲稿、社会活动演讲稿等。

从表达方式划分，可分为记叙性演讲稿、议论性演讲稿、抒情性演讲稿等。

（二）演讲稿的格式

演讲稿的结构由标题、称呼和正文三部分构成。

1. 标题

常见的演讲稿标题有五种，分别是：提要式、寓意式、警句式、设问式、抒情式。提要式指的是概括演讲的核心内容，如“劳动，是神圣的”。寓意式指的是运用修辞手法把抽象的哲理具体化，如“扬起生命的风帆”。警句式指的是引用名言警句设置标题，如“忧劳可以兴国，逸豫可以亡身”。设问式指的是通过设问来提示演讲涉及的内容，用演讲来回答标题的提问，如“人生的价值何在”。抒情式指的是标题具有强烈的感情色彩，达到以情动人的效果，如“真情，让我一生守候”。

2. **称呼**

提行顶格加冒号，根据受听对象和讲演内容需要决定称呼。常用的称呼有“同志们”“朋友们”等，也可加定语渲染气氛，如“年轻的朋友们”等。

3. **正文**

正文由开头语、主体和结语三部分构成。

(1)开头语

开头语的任务是吸引听众、引出下文，有六种形式。

第一，由背景和问候、感谢语开始。

第二，概括演讲内容或揭示中心论点。

第三，从演讲题目谈起。

第四，从演讲缘由引起。

第五，从另一件事引入正题。

第六，用发人深思的问题开头。

(2)主体

主体即中心内容。一般有三种类型。

第一，记叙性演讲稿。以对人物事件的叙述和生活画面描述行文。

第二，议论性演讲稿。以典型事例和理论为论据，用逻辑方式行文，用观点说服听众。

第三，抒情性演讲稿。用热烈的抒情性语言表明观点，以情感人，说服听众，寓情于事、寓情于理、寓情于物。

(3)结语

结语是演讲能否走向成功的关键，常用总结全文，加深印象；提出希望，给人鼓舞；表示决心，誓言结束；照应题目，完整文义等方法在激动人心的结语中结束全文。

（三）演讲稿的写作要求

1. 了解对象，有的放矢

演讲是讲给人听的，写演讲稿首先要了解听众对象。了解他们的思想状况、文化程度、职业状况如何；了解他们所关心和迫切需要解决的问题是什么等。否则，不了解对象，演讲稿写得再好，说得再天花乱坠，听众也会感到索然无味，无动于衷。

2. 观点鲜明，感情真挚

演讲稿观点鲜明，显示着演讲者对一种理性认识的肯定，显示着演讲者对客观事物见解的透辟程度，能给人以可信性和可靠感。① 演讲稿观点不鲜明，就缺乏说服力，就失去了演讲的作用。演讲稿要有真挚的感情，才能打动人、感染人，有鼓动性。因此，它要求在表达上注意感情色彩，把说理和抒情结合起来。

3. 行文变化，富有波澜

构成演讲稿波澜的要素有很多：内容、听众的心理特征和认识事物的规律等。如果能掌握听众的心理特征和认识事物的规律，恰当地选择和安排材料，也能使演讲在听众心里激起波澜。

4. 语言流畅，深刻风趣

要把演讲者在头脑里构思的一切都写出来或说出来，让人们看得见、听得到，就必须借助语言。因此，语言运用得好还是差，对演讲稿的写作影响极大。要提高演讲稿的质量，必须在语言的运用上下一番功夫。

| 练一练 |

1. 结合演讲稿的写作要求，对下面这篇演讲稿进行评析。

做自己尊重的人

在祝福裹着告诫呼啸而来的毕业季，请原谅我不敢祝愿每一位毕业生都成功、

① 参见耿云巧、马俊霞主编：《现代应用文写作》，170页，北京，清华大学出版社，2018。

都幸福，因为历史不幸地记载着：有人成功的代价是丧失良知；有人幸福的代价是损害他人。

从物理学角度来说，无机的原子逆热力学第二定律出现生物是奇迹；从生物学角度来说，按进化规律产生遗传信息指导组装人类是奇迹。

超越化学反应结果的每一位毕业生，都是值得珍惜的奇迹；超越动物欲望总和的每一位毕业生，都应做自己尊重的人。

…………

在你们步入社会后看到各种离奇现象，知道自己更多的弱点和缺陷，可能还会遇到小难大灾；在诱惑和艰难中保持人性的尊严、赢得自己的尊重并非易事，却很值得。

这不是自恋、自大、自负、自夸、自欺、自闭、自缚、自怜，而是自信、自豪、自量、自知、自省、自赎、自勉、自强。

自尊支撑自由的精神、自主的工作、自在的生活。

我祝愿：退休之日，你觉得职业中的自己值得尊重；迟暮之年，你感到生活中的自己值得尊重。

不要问我如何做到，50年后返校时告诉母校你如何做到：在你所含的全部原子再度按热力学第二定律回归自然之前，它们既经历过物性的神奇，也产生过人性的可爱。

（引自读者杂志社编：《努力，是为遇见更好的自己》，14～15页，长春，时代文艺出版社，2018。）

2. 请结合自己的生活，以“爱与责任”为主题写一篇演讲稿。（字数要求：800字以上。）

二、消息

| 想一想 |

消息的特点和种类有哪些？

消息是新闻写作中最常采用的体裁。它一般是报道事情的概貌，而不是对事件的细节详细描述，以最简短的文字传播新近发生的事情。消息是对新近发生或发现的有新闻价值和社会意义的事实的及时、简明扼要的报道。

如何写传播类应用文——消息

| 评一评 |

材料一：

我校首届校园管乐节圆满成功

本报讯　5月15、16两日，悠扬而动感的音乐打破了校园昔日的沉寂。由校团委主办的以“迎农大七十周年庆，展校园管乐风采”为主题的我校首届校园管乐节成功举办。

15日晚，管乐节专场音乐会在大礼堂开幕，会场嘉宾云集。

本次专场共安排有18首精彩曲目，军乐团一队队员以其精湛的技艺，高超的水平演奏《鼓乐》《春天的故事》等四首曲子。16日下午，一位去观看的学生说：“我现在脑海里一直回荡着《喜悦组曲》的旋律，真是余音绕梁，三日不绝啊！”

16日上午，是管乐节的露天展演活动，军乐团展出“管乐一条街”。乐团队员早早布置好了设展帐篷。10点左右，乐团队员在南区门口为大家露天演奏。由于天气原因，演奏时下起了雨，可是队员们没有一个离开，还是坚持为大家演奏完了。

演奏完毕，露天管乐展演开幕。每个帐篷都吸引了不少同学，其中动感劲爆的打击乐声部的帐篷人气最旺。展演一直到12点才结束，同学们充分享受到接近、了解并尝试吹奏乐器的乐趣。

评析：这篇消息针对校园热点问题——校园管乐节设置标题，惹人眼球，达到吸引读者的目的。导语主题鲜明，直指首届校园管乐节成功举办。主体部分围绕管乐节的进展情况和观众的感受展开。这则消息结构明了，思路清晰。

材料二：

凉城一小举办爱生学校征文比赛

近日，凉城一小举办了以“平等、参与、和谐、发展”为主题的爱生学校征文比赛。全校师生及家长踊跃参加。

在征文比赛中，家长和教师畅谈了学校在实施“爱生学校项目”以来发生的变化，描述了学校在保障残疾儿童接受教育的动人事迹，学生以独特的视角讲述了“爱生学校项目”落户以来，校园文化建设、师生关系、学校管理方面发生的可喜变化。这次征文弘扬了爱生学校“平等、参与、和谐、发展”的理念，形成了“关注儿童、尊重儿童基本权利”的氛围，为此项目向纵深推进打下了扎实的舆论基础。

评析：这篇短消息的导语简洁交代了征文比赛的概况，正文具体介绍了比赛的内容、特色、产生的可喜效果和深远影响。短短的一条消息看起来简单，其实包含了作者精心构思的匠心，张弛有度，趣味盎然。

（一）消息的写作格式

写消息要设想并回答读者问的问题：When(何时)、Where(何地)、Who(何人)、What(何事)、Why(何故)。有时可补充一个要素：How(如何)。在五个 W 和一个 H 中，最主要的是 What(何事)、Who(何人)。写作时要认真写好这几个方面的内容，大多数消息的结构都是“倒金字塔”式的，即最重要的材料放在开头，次要材料放在后面。

消息的结构具体表现为：标题、导语、主体、结尾，并在文中穿插背景材料。

1. 标题

标题是消息的眼睛，拟写得好，可以吸引读者；拟写得差，一篇好消息便会被埋没。消息的标题必须简明、准确地概括消息内容，帮助读者理解报道的事实。

消息的标题有主题(正题)、引题(眉题)、副题(次题)三种。

主题：概括与说明主要事实和思想内容。

引题：揭示消息的思想意义或交代背景，说明原因，烘托气氛。

副题：揭示报道的事实结果，或作内容提要。

2. 导语

导语是指一篇消息的第一自然段或第一句话。它用简明生动的文字，写出消息中最主要、最新鲜的事实，鲜明地提示消息的主题思想。导语的要求，一是要抓住事情的核心，二是要能吸引读者看下去。

导语的形式主要有如下几种。

①叙述式。用摘录或综合的方法，把消息中最新鲜、最主要的事实简明扼要地写出来。

②描写式。对消息的主要事实或某一有意义的侧面进行简洁朴素而又有特色的描写，以形成气氛。

③提问式。先揭露矛盾，鲜明地、尖锐地提出问题，再做简要的回答，引起读者的关注和思考。

④结论式。把结论写在开头，提示报道某一事物的意义，或说明目的，或做出总结。

⑤号召式。发出希望，提出号召，给读者指出方向和奋斗目标。

3. 主体

这是消息的主干部分。它紧接导语之后，对导语做具体全面的阐述，具体展开事实或进一步突出中心，从而写出导语所概括的内容，表现全篇消息的主题思想。

4. 背景

背景是指事件的历史背景、周围环境及与其他方面的联系等。写消息有时要交代背景，目的在于帮助读者深刻理解新闻的内容和价值，起到衬托、深化主题的作用。

5. 结尾

结尾有小结式、启发式、号召式、分析式、展望式等。有些消息没有必要刻意安插结尾，顺其自然即可。

（二）消息的写作要求

一是内容要新鲜，写作要快，讲究时效性。

二是事实要准确，不能闭门造车，夸大虚空。

三是要写得通俗、生动、形象，具有可读性。

四是要对语言进行锤炼，讲究逻辑性。

| 练一练 |

1. 结合消息的写作要求，对下面这篇新闻稿进行评析。

××学院团支部新闻部部署工作会议顺利召开

10月9日晚9时，××学院学生会网通社全体成员在知新楼5楼召开会议。会议旨在部署未来一学年中××学院学生会活动的报道任务，强调组稿时的问题，并就即将开展的新生新闻培训会进行具体安排。

会议在热烈的气氛中拉开了序幕。首先，部长×××强调了学生会主席在新工作部署会议上强调的关键词——凝聚力，要求各位副职人员在工作中与部内、部外的同学们协调好关系，并在将来的新闻稿中以“凝聚力”为重点，凸显××学院学生工作的新特色。紧接着，与会成员就学生会各部门在未来一年中即将开展的活动进行了汇总与分工，每个副职人员都对未来的工作表现出了美好的展望与极大的热情。会议中，×××强调了在日常组稿时各部门活动照片存档的问题，也重申了在××××和××××发稿的重要性，提到了应与两个网站的编辑保持密切的沟通。最后，×××就11日即将开展的新生新闻培训会进行了全方位的工作部署，各副职人员也积极发言，对新闻培训会的具体细节以及可能遇到的问题进行讨论。

会议过程融洽，各副职人员积极思考、发表意见，在部长的带领下对工作进行了顺利的部署。这次会议，网通社的成员们对未来一年有了明确的规划，为今后学生会新闻工作的顺利开展奠定了扎实的基础。

2. 请你为“我的梦想”演讲比赛写一篇新闻稿。

▶任务四 明确职业规划类应用文的写作

所谓职业规划类应用文，是指每个人根据自身因素和客观环境的分析，确立自己的职业生涯发展目标，采取必要的行动，实现职业生涯目标的过程中产生的一系列文书，如求职材料、述职报告等统称为职业规划类应用文，此处主要对简历和求职信做详细的介绍。

|想一想|

职业规划类应用文的种类和特点有哪些？

一、简历

如何写职业规划类应用文——简历

简历就是对某个人的生活经历有重点地加以概述的一种应用文。它是一个人生活经历的精要总结，在一定程度上是一个人的整体形象的缩影，因而是现代社会人事档案的一个重要组成部分，也是考察干部、选拔任用人才等必须具备的一份重要资料。一份吸引人的简历，是获取面试机会的敲门砖。因此，怎样写一份“动人”的简历，成了求职者首要的工作。

|说一说|

应聘时，恰到好处地包装自己、向用人单位展示精美的简历是极其重要的。不过，太重视了反而拿捏不准分寸。有人说自己用多幅艺术照、各种大小奖项以及几页热情的求职信装点了简历，没想到，竟然被用人单位以“没有重点、缺乏创意”为由“拒之门外”。简历，到底是越简单越好，还是越复杂越好？

如果你是一个刚毕业的学生，正在与那些有同等学力但是工作经历丰富的人竞争。年轻，缺乏相关职业的工作经历是你的弱势，写作时需要对此巧妙处理，转劣为优。如可以在简历中的工作技能部分强调“勤奋苦干、能迅速掌握新技能”。

要使招聘者在最短的时间内读到更多的信息，简历的篇幅最好不超过两页(A4 复印纸)。如果你在校期间已有论文发表或担任组织、团体职务，就要一一列出，实实在在地实践，远比没有成果的虚衔更让人信服。如字数超出，可以另写一页附录。

简历的内容、式样设计方案，仁者见仁，智者见智，然而关键是：任何一个好单位，在招聘时收到的简历都会堆积如山。无法吸引他们注意力的简历很可能被忽略，永久地沉睡在纸堆里。因此，突出个性、与众不同便是设计简历的关键。

|评一评|

材料一：

个人简历

<table>
<tr><td>姓名</td><td>×××</td><td colspan="2">性别</td><td>女</td><td rowspan="5">照片</td></tr>
<tr><td>民族</td><td>汉</td><td colspan="2">籍贯</td><td>湖北</td></tr>
<tr><td>出生日期</td><td>××××年×月×日</td><td colspan="2">婚姻状况</td><td>未婚</td></tr>
<tr><td>学历</td><td>大专</td><td colspan="2">身高</td><td>165cm</td></tr>
<tr><td>专业</td><td>市场营销</td><td colspan="2">健康情况</td><td>良好</td></tr>
<tr><td>求职意向</td><td colspan="5">营销员</td></tr>
<tr><td>毕业院校</td><td colspan="3">××××职业技术学院</td><td>邮编</td><td>××××××</td></tr>
<tr><td>联系电话</td><td colspan="2">158××××××××</td><td>邮箱</td><td colspan="2">××××××××××@qq. com</td></tr>
<tr><td>主修课程</td><td colspan="5">市场营销技术、电子商务、××××、××××、××××</td></tr>
<tr><td>个人技能</td><td colspan="5">1. 熟练掌握电子商务等专业知识。
2. 熟练掌握市场营销技能。
3. 英语四级。</td></tr>
<tr><td>获奖情况</td><td colspan="5">1. 校“十佳主持人”比赛二等奖。
2. 校演讲比赛三等奖。
3. 校“正大杯”营销大赛优秀奖。</td></tr>
<tr><td>社会实践</td><td colspan="5">参加发传单、超市营销员等社会实践活动，做过代课老师和家教。</td></tr>
<tr><td>兴趣爱好</td><td colspan="5">听音乐、阅读、运动</td></tr>
</table>

续表

自我评价	本人专业知识扎实、性格开朗、为人诚恳、兴趣广泛，拥有较强的组织能力和适应能力，具有较强的管理策划与协调能力。
备注	经验是积累出来的，希望贵公司能给我一个展现的平台。相信通过努力，我会把工作做到最好。祝：贵公司蒸蒸日上。

材料二：

个人简历

◆个人资料

姓名：××　　学历：大专

性别：男　　身高：170cm

年龄：22　　专业：计算机科学与技术

民族：汉　　政治面貌：团员

籍贯：××　　健康状况：良好

联系电话：138××××××××

邮箱：××××××××××@qq.com

邮编：××××××

◆知识结构

主修课：高级语言程序设计、离散数学、数据结构、操作系统等。

专业课程：Oracle 数据库实用技术、DB2 UDB 数据库实用教程等。

选修课：API 程序设计、组合数学、期货投资与务实、西方经济学等。

实习：ORACAL 上机、图形学上机、汇编实验、接口技术实验等。

◆专业技能

接受过全方位的大学基础教育，受到良好的专业训练。在数据库原理和数据仓库等领域有扎实的理论基础和实践经验，有较强的动手能力和研究能力。

◆外语水平

××××年通过全国大学英语四级考试。

××××年通过全国大学英语六级考试。

◆主要社会工作

参加社会实践活动，做过代课老师和家教。

◆兴趣与特长

喜爱各项文体活动，尤其是登山和足球。

爱好德国古典哲学，大学期间对此有所研究。

对期货和证券市场有兴趣，喜欢研究西方经济学的理论和案例，对企业管理也有涉猎。

◆个人荣誉

热心公益事业，无偿献血。

大二获得“新青年”演讲比赛二等奖。

◆主要优点

有较强的组织能力、活动策划能力和公关能力，这些在中学就基本形成的能力，大学里又不断全面发展。

有较强的语言表达能力，有比较深厚的文学功底。

有较强的团队精神，有良好的人际关系；在同学中有较高的人气。

◆自我评价

活泼开朗、兴趣广泛、适应力强、勤奋好学、脚踏实地、认真负责、坚忍不拔、吃苦耐劳、勇于迎接挑战。

◆求职意向

可胜任数据库应用及相关领域的生产、科研工作。也可以从事贸易、营销、管理及活动策划等方面的工作。

评析：以上两份简历采用了两种不同的形式。第一种是表格式，第二种是文本式。这两种的内容大体相似，都体现了简历的基本原则：一是简洁原则，开头部分对资历概述简洁清楚，方便招聘者在较短时间内掌握其基本情况；二是清晰原则，个人情况一目了然，重点内容突出；三是针对性原则，在简历中清晰地陈述了有关的经历和事实，并且把它们放在比较突出的位置；四是客观性原则，如简历中的自我评价等；五是真实性原则，对自己的工作经历或奖励等无编造情况。

（一）简历的特点

1. 真实性

写简历时一定要客观理性地总结自己的经历，做到真实、准确、不夸大、不缩小、不编造，这样才能取信于人，具有保存的价值。

2. 正面性

内容应当是正面性的材料。

3. 精练性

简历要越短越好，在大多数情况下，一两页就足够了。

（二）简历的写作格式

简历的写作格式一般由六个部分组成，即标题、个人基本情况、应聘的职位和目标、学习经历、工作经历、所获得的奖励和荣誉，还可以加上姓名和日期。

1. 标题

标题可以直接写“简历”二字，也可以在简历之前冠以姓名和称谓。

2. 个人基本情况

个人基本情况包括姓名、性别、出生年月日、出生地、民族、政治面貌等。这一部分放在最前面，便于用人单位取得联系。

3. 应聘的职位和目标

让用人单位一目了然。

4. 学习经历

这体现了求职人的受教育程度。可按时间顺序来写自己的学习过程，主要以大学的学习经历为主。所学课程可以列上主要的、有特色的专业课及学习成绩。

5. 工作经历

这是最重要的部分。初出校门的大学生，工作经历可以改为社会实践和实习经历，包括在学校、班级所担任的职务、勤工助学、课外活动、义务工作、参加各种团体组织、实习经历和实习单位的评价等。这部分内容要写得详细些，通过这些，用人单位可以考察求职者的团队精神、组织协调能力等。

6. 所获得的各种奖励和荣誉

这包括上学期间发表的论文、获得的奖励和资格证书等，让用人单位了解求职者的情况。

总之，简历的写法没有必要千篇一律，采用哪种形式要因人而异，要突出个性、富有创意，向用人单位展示自己、达到成功推销自己的目的。

（三）简历的写作要求

1. 内容上突出个性

一定要突出个人的能力、成就以及经验，使简历更出众。写作时应该注意先将本人具备的能力和所取得的成绩一一列出，然后仔细分析个人能力并阐明能够胜任这份工作的理由。

2. 形式上与众不同

如果想在竞争中求职成功，首先就要从形式到内容把简历设计得落落大方、与众不同，并因此脱颖而出，任何招聘者都会对别出心裁的简历感到眼前一亮。

3. 篇幅上短小精美

要使招聘者在最短的时间内读到更多的信息。

4. 表达上转劣为优

初出校门的大学生，缺乏工作经历，写简历时需要巧妙处理，以转劣为优。

5. 强调成功的经验

招聘者需要你拿出证据，这就需要你拿出曾经取得的成绩。这样成功的概率将会提升。

6. 用词上力求精确

阐述个人能力、经验时要尽可能准确。恰如其分地表达所写的内容与实际能力相同，不要写错别字。

| 练一练 |

1. 下面是一则简历，存在哪些问题？请修改。

个人简历

姓名：×××

联系电话：158××××××××

求职目标：经营部、营销部、广告部、管理部

资格能力：××××年7月毕业于××商学院商务管理系。

必修课程：商业经济、商业管理、市场营销、商业传播、广告学、公共关系学等。

选修课程：零售企业管理、消费者行为和计算机原理与应用等。

工作经历：××××年6月至现在皆在××市百货公司负责市场营销及有关管理工作。

社会活动：求学期间曾担任××协会主席，曾在××市营销管理论坛上代表协会发表演讲，并在该论坛××××年5月举行的会议上当选为年度“明月之星”。

其他情况：××××年出生，未婚，能熟练运用各种现代办公设备，英语会话能力强，书写能力略逊。爱好旅游、打网球、摄影。

2. 请按照简历的写作要求，给自己写一份简历。

二、求职信

| 想一想 |

要写好一封求职信关键在哪个部分呢？

如何写职业规划类应用文——求职信

求职信也叫自荐信，是求职者根据岗位需要及个人的求职意向所写的介绍自己情况的一种书信，目的是让用人单位了解自己，可以获得面试的机会。一封优秀的求职信就像一位出色的“使者”，可以在与用人单位见面之前，就给对方留下深刻的印象。

| 评一评 |

材料一：

求职信

尊敬的××公司总经理先生：

首先，为我的冒昧打扰向您表示真诚的歉意。在毕业之际，我怀着对贵公司的无比信任与仰慕，斗胆投石问路，希望能成为贵公司的一员，为贵公司服务。

我是××职业技术学院计算机软件专业××级学生，将于今年7月毕业。在大学学习期间，我努力学习各门基础课及专业课，并取得了良好的成绩(见附件)，英语已通过四级考试（见附件)。本人不仅能熟练掌握学校所教课程的有关知识(程序设计、C语言等)，而且还自学了其他相关技能，专业能力强，曾获学校计算机软件设计比赛一等奖。

作为21世纪的大学生，我非常注意各方面能力的培养，积极参加社会实践，在××保险做过业务员，还在××信息有限公司做过网络技师，爱好广泛，有责任感，能吃苦耐劳。

本人期盼能成为贵公司的一员，从事计算机服务等工作。诚然，我尚缺乏丰富的工作经验，如果贵公司能给我机会，我会用我的热情、勤奋来弥补，用我的知识、能力来回报贵公司的赏识。盼望您能给我一次面试的机会。随信附上简历、英语等级证书、获奖证书等。

此致

敬礼！

××　敬上

××××年×月×日

联系地址：××职业技术学院计算机系软件专业××级×班(邮编：××××××)

电　　话：×××××××××××

评析：正文导言谦恭有礼，说明“投石问路”的缘由。主体分为三部分：第一部分介绍自己的学业情况，重点介绍了自己的学习成绩和自学能力；第二部分突出写自己注重参加社会实践，特别点出了自己的爱好、责任感和吃苦耐劳的精神；第三部分用恳切的言辞表达了自己的求职愿望和决心。附件为信函提供了旁证。总结部分全文情辞恳切，谦恭得体，不卑不亢。

材料二：

求职信

尊敬的××经理：

我从《××日报》上的招聘广告中获悉贵酒店欲招聘一名经理秘书，特冒昧写信求职。

两个月后，我将从北京××工商学院文秘专业毕业。我身高 1.65cm，相貌端庄，品学兼优。

在校期间，我系统地学习了现代管理概论、社会心理学、酒店管理概论、酒店财务会计、酒店客房管理、酒店餐饮管理、酒店前厅管理、酒店营销、应用写作、礼仪学、专业英语等课程。成绩优秀，曾发表多篇论文。熟悉电脑操作，通过了全国大学英语四级考试，英语口语流利，略懂日语，粤语、普通话运用自如。

去年下半学期，我曾在×××五星级酒店客房办化验室实习半个月，积累了一些工作经验。我热爱酒店管理工作，希望能成为贵酒店的一员，和大家一起为促进酒店发展竭尽全力，做好工作。

我的简历及相关材料一并附上，如能给我面谈的机会，将不胜荣幸。

联系地址：北京×××工商学院酒店物业管理系

联系电话：×××××××××××

此致

敬礼！

求职人：××

××××年×月×日

评析：正文内容符合写作要求；突出专业和个人能力，有助提高求职成功率；态度诚恳、彬彬有礼；用词明确、描述详略得当、有的放矢；信件长度适中。

（一）求职信的特点

1. 自荐性

求职信是给招聘单位看的，目的是推荐自己，获得相应的工作岗位。

2. 针对性

在写作过程中应该有针对地分析两个问题：一是个人的工作能力；二是新工作所具备的吸引力。

3. 真实性

写求职信不要过分夸大自己的能力，表述时要符合实际情况，不要弄虚作假。

（二）求职信的写作格式

求职信由称呼、问候语、正文、结尾、结语和落款六部分构成。

称呼：顶格加冒号，要写清招聘单位负责人或联系人姓名，并加上适当的职务称呼。

问候语：一般写“您好”“你好”等以表示敬意。

正文：第一段，求职信开头部分说明为什么应聘。这部分要交代清楚个人情况，为什么写此信，表明希望申请哪个岗位。第二段，简单介绍个人的资历、就读的学校名称、主修和选修的科目。第三段，从学习、生活、工作三个方面来说明大学期间的成绩。

结尾：求职信的最后，应该提醒招聘单位留意附呈的简历，请求给予回音等。

结束语：另起一行，空两格。可用“此致 敬礼”收尾。

落款：在右下方署名求职人姓名，年月日等。

（三）求职信的写作要求

坚持实事求是、谦虚有度原则；采用“点对点”的方式，突出求职信的针对性；行文流畅，用语精练、礼貌；突出个性，注重包装。①

思考与练习

1. 下面是一则求职者的求职信，存在哪些问题？请修改。

尊敬的领导：

您好！

我是××大学××级中文专业的应届专科毕业生，大学的学习经历为我实现梦想打下了坚实的基础，专业特长更使我明确了择业目标：成为一名小学语文教师。久闻贵校是培养人才的重要基地，有坚实的教育基础，对此，我十分仰慕。

现把一个真实的我以自荐书的形式展现给您，望贵校给我一个展示才华的机会，让我为贵校出力争光，同时也圆我的育人梦想。进入大学以后，我抓紧每一天进行专业知识的积累和教学基本功的培养，不断充实自己的头脑。学高为师，身正为范。作为师范生，我在思想上积极要求进步，乐观向上，不畏难繁，有信心、有责任感。在能力培养上，我在校内积极参加各项活动，在校外广泛尝试，多次进行教学实践，既实践所学，又锻炼能力。

贵校科学管理体制和先进的教学理念使我坚信到贵校工作是我的明智选择。

最后，祝贵校广纳贤才，再创佳绩！

此致

敬礼！

××　谨呈

2. 请按照求职信的写作要求，写一份求职信。

① 参见耿云巧、马俊霞主编：《现代应用文写作》，148～149 页，北京，清华大学出版社，2018。

融合教育背景下的写作指导篇

项目九　融合教育背景下的儿童写作教学

“融合教育”既是一种教育安置形式和策略，也是一种特殊教育思想和理念。随着特殊教育改革的不断推进，世界各地的一些国家和地区都在长期探索融合教育模式，形成了诸多融合教育发展模式。20 世纪 90 年代，融合教育就作为一种新的思想出现在国际特殊教育领域。各国都大力关注特殊教育的发展，让特殊需要儿童走进主流教室、回到普通学校接受普通教育，让特殊教育从隔离走向融合。融合不仅仅是一种接纳，关键在于我们的教育体系结构与教育实践本身需要转变，变得更具弹性、合作性与接纳性，从而更好地适应每个儿童不同的学习需要。同时，达到“每个都学得好”的目标，通过创造最少限制的环境，为特殊需要儿童提供适合其特点和需要的教育，为今后能够全方位融入社会奠定基础。

写作是运用语言文字进行表达和交流的重要方式，是认识世界、认识自我、进行创造性表述的过程。写作能力是语文素养的综合体现。它在小学语文教学中占有相当重要的地位，是培养普通学生和特殊需要儿童语言文字表达能力的重要途径。为使他们具有较强的、能满足日常生活需要的写作能力，我们必须遵循《义务教育语文课程标准(2022 年版)》《盲校义务教育课程标准(2016 年版)》《聋校义务教育课程标准(2016 年版)》《培智学校义务课程标准(2016 年版)》的精神，确立全新的课程理念，明确写作教学改革的方向，把握小学写作教学训练的重点，有效地提高小学写作教学水平。

学习目标

1. 了解融合教育背景下儿童写作训练的心理基础。
2. 认识融合教育背景下儿童写作过程的心理特征。
3. 掌握融合教育背景下儿童写作教学的目标和现状。

知识导图

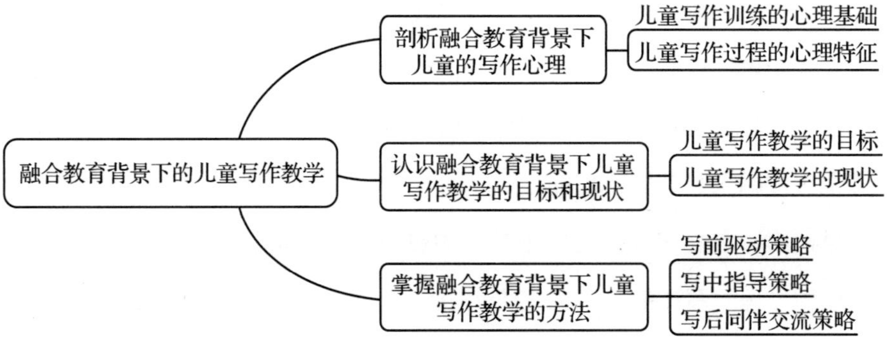

▶任务一 剖析融合教育背景下儿童的写作心理

写作是从客观现实汲取感性材料，经过头脑加工制作，再运用文字符号表达出来的过程。写作也是一个由内部言语向外部言语转化的过程，必须从简约的、自己能明白的内部言语向展开的、具有规范语法结构的、能为他人所理解的外部言语转化。在小学阶段，这种表达转化的能力需要通过对儿童进行专门的训练来培养。

一、儿童写作训练的心理基础

儿童写作训练的心理基础

从入小学到小学毕业，只有短短六年时间，但在这段时间里，儿童在生理、心理方面却发生着急剧的变化。小学一、二年级的儿童与五、六年级的儿童在生理和心理方面，差异非常明显。而小学三、四年级的儿童的生理和心理，则介于二者之间：既保留着前一阶段的某些年龄特征，又较多地开始出现后一阶段年龄特征的萌芽。要使写作教学取得较理想的效果，教师除了要遵循写作训练自身的规律外，还要注意不同特点、不同层次的儿童在不同年龄段的心理、生理特征。儿童写作训练按年龄一般分为三个阶段(表 9-1)。

表 9-1　儿童写作训练的三个阶段及心理特征

时期	启蒙期	过渡期	发展期
年龄	6～8 岁	8～10 岁	10～12 岁
年级	1～2 年级	3～4 年级	5～6 年级
思维能力	以具体形象思维为主	以抽象逻辑思维为主	以本质抽象概括为主
写作训练目标	以日常能看到的、听到的和想到的内容为中心进行写话训练。	培养儿童的写作兴趣，培植写作的自信心，使他们乐于动笔。	能写简单的记实作文和想象作文及常用的应用文。

（一）启蒙期

小学一、二年级，被称为写作训练的起始期或启蒙期。这一阶段的儿童，还保留着学龄前儿童的特点。他们感知的是事物的外表，喜欢观察具体的、突出的、鲜明的东西。思维的特点是以具体形象思维为主。他们思考问题时，往往离不开事物的具体形象或表象。从言语心理学的角度看，这一时期儿童的口头表达能力，无论是顺序性、完整性，还是逻辑性，都已日臻完善。

这一时期，儿童达到一定的识字量之后(一二百字)会就萌生一种“发表欲”，想要把看到的、听到的和想到的内容“发表”出来。教师应该及时引导儿童进行写话训练，这有利于儿童对所学的知识、经验、生活感受进行回忆、充实和重组、运用，从而推动他们对生活中的知识和事物予以更多的关心。写话训练没有超越儿童心理发展的客观条件，还能积极促进儿童观察、思维和想象能力的发展。

心理学研究表明，儿童的口头语言与书面语言是互相影响、互相制约又互相促进的。入学初期，儿童的书面语言，相对于口头语言来说，是贫乏的。启蒙期，教师要重视对儿童进行写作的早期训练，激发其阅读的自觉性，使他们初步懂得一些书面语言的要求，这会对他们口头语言的发展产生积极的影响。因此，根据启蒙期的儿童的生理、心理特点，教师创设情境，凭借生动具体的事物或形象，进行写话训练是明智的。这将会为儿童今后在写作上的发展奠定良好的基础。

（二）过渡期

小学三、四年级，被称为写作的过渡期。这一时期的儿童的脑细胞神经联系已经非常复杂了。这一时期，儿童由以具体形象思维为主要形式，向以抽象逻辑思维为主要形式过渡。

随着年龄增大，年级升高，儿童思维的具体形象成分逐渐减小，而逻辑思维的成分日益增多。这个时期的儿童的思维，在很大程度上，仍然是直接与感性经验相联系，仍然有很大成分的具体形象性。这一时期，是儿童思维发展的转变时期，到四年级下学期末，大多数儿童借助他们的分析和综合能力，能把以前积累起来的概念加以概括，不仅判断的数量在增加，而且这些判断中的直观因素也被压缩到最少量，对于客体的关系也能或多或少地根据本质联系加以证明。

过渡期的写作训练。教师宜营造自由表达的氛围，鼓励儿童自由地写下见闻、感受和想象，写出具有个性化的生活经历。教师不应对儿童设置条条框框，应让儿童不拘文体，甚至不必成文地写。这时候，写作教学的主要任务是培养儿童写作的兴趣，培植写作的自信心，使他们乐于动笔，不断享受写作的快乐。

（三）发展期

小学五、六年级，被称为写作的发展期。这一时期的儿童已具备了人类思维的完整结构。当然，这个思维结构尚有待于进一步发展和完善。这一时期的儿童已初步具备了本质抽象水平，开始以本质抽象概括为主。由于过去几年中知识经验的积累和智力活动的锻炼，他们已经能够对事物的本质特征属性以及事物的内部联系进行抽象概括。不过，这种抽象概括也只是初步接近科学的概括，还不是严格的科学意义上的概念。由于知识经验的限制，那些和具体事物相距太远的高度抽象概括活动，对于儿童来说，仍然是非常困难的。

发展期的儿童抽象逻辑思维正在全面发展着，并逐渐成为他们思维的主要形式。这一时期的写作训练内容是能写简单的记实作文和想象作文，能写常用的应用文。

二、儿童写作过程的心理特征

儿童写作大体经历“取材—构思—表达—修改”的过程。在教学中，我们应充分了解儿童在各个写作过程中的心理特征，指导儿童在写作实践中学会写作。

儿童写作取材
和构思的心理特征

| 想一想 |

在生活中，儿童写作过程有哪些心理特征？

（一）取材方面的心理特征

儿童选取作文材料，少量的是从书本中获得的，绝大部分是从观察生活即日常生活的积累中汲取。儿童观察事物，具有三个方面的特征。

1. 无意性

由于儿童的智力发展水平尚处于低级阶段，意志内控力不强，儿童在观察过程中注意力容易分散，缺乏经过深思熟虑、有一定目的意识的支配，有时甚至会出现“视而不见”“听而不闻”的现象。例如，某所学校对四年级某个班的儿童做了一次观察能力调查。在规定的5分钟时间内，21秒钟后就有5人注意力分散，3分钟后分散注意力的有3人，另外，有7人在观察过程中，曾被外来干扰分散了注意力，共计15人，占全班总人数的三分之一。对二年级儿童观察力的调查同样表明，大部分儿童在两三分钟之后，注意力就开始分散了。

2. 情绪性

儿童观察事物常常离开应有或原有的目的，把注意力转移到与观察要求毫不相干的、次要的方面去。一位教师指导低年级儿童看《离群的小鸡》，有的儿童一开始就被图上的一只大花猫吸引住了，只对那只大花猫感兴趣，不去注意每幅画之间的具体情节，偏离了观察图画的主要目的，甚至把观察图画的任务忘得一干二净。这说明儿童情绪的易变性很明显。那些使他们感兴趣的事物，鲜艳的色彩、奇怪的形体、响亮的声音、新异的物体或者奇异的气味等，往往容易引起他们浓厚的兴趣，使他们乐在其中。

3. 轮廓性

儿童，特别是低年级儿童，缺乏精细的辨别能力，往往满足于或停留于大致的、笼统的、轮廓的观察，而不善于观察事物的局部，从而遗漏重要的细节。

（二）构思方面的心理特征

写作的构思阶段，是对获取的信息进行整理加工的内在的理性飞跃阶段，是儿童思维的有序化和深化的阶段。写作构思在创造性思维活动中体现了由模糊到清晰，由粗略到精细，由浅表到深入，由散漫到凝聚，由芜杂到纯一的过程性特点。儿童写作构思方面的心理过程，大体上可以分为萌发阶段、孕育阶段和定型阶段。

1. 萌发阶段

构思的萌发，实际上是儿童的一次“发现”，是儿童从自己的心灵尺度和心理内容出发，对表象和情感进行过滤和筛选的结果。当然，在构思的萌发阶段，儿童的所思、所感，尚处在迷茫、朦胧状态，其特征是片断性和浅表性，只有到构思的第二阶段——孕育阶段，儿童的所思、所感，才由迷茫变为清晰，由朦胧变为明朗，由分散趋向集中，由浅表向深刻，逐渐形成一个明确的中心思想。

2. 孕育阶段

构思的孕育阶段，是在儿童有了写作的突破口和凝聚点，有了写作的构思趋向之后，对头脑中有关的表象和情感，做进一步扩充、延展，进行再体验、再认识的构思活动。这一阶段的思维活动，主要在两个方向上同步展开：横向的扩散和纵向的延伸。一方面，儿童借助活跃的联想，由原先的片断表象延展开去，把各种各样的符合一定走向的意向和感受串联起来，不断丰富构思的格局。与此同时，儿童又要积极地对素材进行再认识，努力透过事物的现象，把握事物的本质。同步展开的构思进行横向延展和纵向开掘，从内在关系上说，处于一种互为因果的互动状态：联想的展开、表象的组合，是儿童思想深化的结果，同时又为在新的组合层面上再开掘提供了可能；而再开掘的结果又促进更广阔的联想，唤起记忆中更多的储存。构思就是在这种“延展—开掘”的良性循环之中逐渐完善的。

3. 定型阶段

如果说，萌发阶段和孕育阶段是构思的初级阶段和模糊阶段，那么，定型阶段便是构思的后期阶段、明朗阶段。作为构思活动的完成，形式的确立是定型阶段的重要职能。只有对未来写作的具体形式有了确定的设想之后，儿童才能进入文字表述阶段，才能进入由“意”到“文”的转化。因此，从表述的角度出发，修正、调整前一阶段已有的构思内容，赋予某种确定的形式，就成了这一阶段活动的主要内容。

（三）表达方面的心理特征

写作教学着重训练学生的书面语言表达能力。小学阶段的儿童书面语言的发展主要特征为以下几点。

儿童写作表达
和修改的心理特征

1. 书面语言的发展以口头语言的发展为先导

在整个小学阶段，儿童最初是书面语言落后于口头语言。在教师的引导下，从小学二、三年级起，书面语言就可以逐步赶上口头语言的水平。从小学四年级起，书面语言的发展就逐步超过口头语言的发展水平。儿童书面语言的发展是在口头语言的基础上发展起来的。心理学研究表明，在让儿童写出“思想”之前，应当先让他们从口头上把“思想”组成连贯的语言，这样做有助于培养儿童思维的条理性、逻辑性和清晰性，提高书面语言表达的质量。当然，反过来说，书面语言的发展也会促进口头语言的发展，使口头语言更精确、更集中、更有条理性。所以，在低年级适当地安排一些写话训练是必要的、可行的，可以在口头语言与书面语言的相互影响中，提高儿童语言的表达能力。

2. 书面语言的掌握和内部语言的发展相联系

心理学研究指出，内部语言不是指向与别人交际的，而是一种对自己发出的语言，是自己思考问题时不出声的语言活动，是同抽象思维、独立思考、自觉行动有着更多联系的、附着丰富表象的一种语言形态，以片断性、简略性为重要特征。

儿童写作是表达性的书面语言活动，但在整个过程中始终离不开内部语言及表象活动。当儿童用笔表达“思想”之前，先得在头脑中想好所表达的内容和方法；在用笔表达时，他们可能在考虑下一步应该“写什么”和“怎么写”。这一过程中的“想”“考虑”，所运用的就是内部语言。由于儿童内部语言没有很好地发展，中、低年级儿童在写话或写作时，往往不由自主地发出低声，这“声音”实际是一种“出声思维”的外化和载体。依靠“声音”，儿童的思维才能顺利进行。我们要根据儿童内部语言发展的一般规律，通过口头语言训练来发展儿童的书面语言，有意识地引导他们从出声思维，逐步过渡到无声思维，科学有序地发展他们的“内部语言”。

3. 书面语言的发展是一个循序渐进的过程

儿童的写作活动是一个不断完善的过程。由于低年级儿童内部语言的发展还不充分，书写的技能还比较差，知识经验也很缺乏，掌握的词汇还不多，思维的形象性还占有重要的地位，还不善于对事物进行抽象概括，这就决定了他们还不能进行命题作文，而只能在教师的指导下进行一些口头造句、看图说话、写话等基础训练。有经验的教师，掌握了儿童口头叙述与书面叙述、外部语言与内部语言之间的关系，既十分重视对儿童口头叙述的训练，又适当安排一些初步的写话训练，同时注重儿童内部语言的发展，从而为中、高年级儿童的写作训练准备了必要条件。

中、高年级儿童的内部语言已经有了很好的发展，已能在头脑中进行写作的构思，知识经验也丰富起来了，也掌握了一定量的词汇，思维的抽象逻辑性有了较大的发展，对事物具有了较好的概括力。此外，书写的技能也逐渐熟练，他们能够做到边思考、边书写了。这些为中、高年级儿童写作训练奠定了基础。在这一阶段，教师可以指导儿童写记实作文和想象作文，使儿童的书面语言得到长足的发展。

（四）修改方面的心理特征

儿童自改习作能力的形成，是一个动态的心理过程。教师要从儿童的年龄特点和心理规律出发去培养这方面的能力，逐步增强其主动修改习作的意识。

在低年级儿童练习造句的时候，练习说话和写话的时候，儿童就自觉不自觉地将教师和同学讲的、写的与自己讲的、写的进行对照、比较。当儿童引导大家评议某个同学造的句、说的话或写的话时，他们已经在有意或无意地对照、比较了。儿童开始书面造句时，教师要求他们：写好以后再读读，看看通顺不通顺，有没有错别字，标点符号用得对不对。这个时候，儿童实际上已经在学习修改书面语言了。

到了中年级，在写作教学过程中，教师要开始有目的地、具体地进行修改的教育、指导和训练，加强儿童修改的意识。讲评课上，教师要朗读好的习作，表扬修改得好的同学，这时候，儿童已经开始学习评价一篇具体的文章了。

到了高年级，随着儿童年龄的增长、知识的积累以及个性的发展，经过几年的学习和实践，这时他们自我批评的意识以及对习作的责任心得到了发展，自我修改习作的意识和能力增强，教师要加强习作修改的指导，引导儿童掌握习作修改的基本方法，体验和感受习作修改成功带来的心理愉悦，从而养成自觉修改习作的良好习惯。

▶任务二
认识融合教育背景下儿童写作教学的目标和现状

儿童写作教学的目标

一、儿童写作教学的目标

《义务教育语文课程标准(2022 年版)》确定的义务教育阶段写作教学的总体目标与内容是:“能根据需要,用书面语言具体明确、文从字顺地表达自己的见闻、体验和想法。”这样的目标表述简明扼要,非常精当地将儿童的写作与作家的文学创作严格区别开来,明确了儿童在学校学习初始阶段的写作要求,是为儿童在日常生活中的社会交往需要而开展的一种语言表达基本能力训练,任务是让儿童能够运用书面语言进行表达,把自己的意思表达清楚,适应社会交往的需要,更好地促进学生的社会化。

《义务教育语文课程标准(2022 年版)》对写作教学目标的规定,梯度明显,体现了不同学段学生的写作心理特点和能力要求。在整个小学阶段,写作教学应贴近儿童实际,引导儿童关注现实,热爱生活,积极向上,让儿童易于动笔,乐于书面表达,倾吐真情实感。

(一)第一学段(1～2 年级)

对写话有兴趣,留心周围事物,写自己想说的话,写想象中的事物。在写话中乐于运用阅读和生活中学到的词语。根据表达的需要,学习使用逗号、句号、问号、感叹号。

低年级儿童识字量有限,写字速度慢,动笔书写较为不易,因此,这一学段不提习作,而是要求写话,突出了小学生作文的练笔性质。在教学中,教师不必拘泥于写文章的种种规矩,要多启发,多赏识,善于发现他们的闪光点,引导他们放开手脚,敢写乐写。

在这一阶段,要特别重视培养儿童动笔写话的兴趣。要注意说话与写话之间的联系,先说后写,说写结合,及时运用所学语言,表达自己的感受。要注意写话与生活之间的联系，根据儿童的年龄特点，从他们的生活出发，精心设计写话的话题，引导他们观察、思考、讨论、交流自己的感想，写出自己想说的话，写想象中的事物。

在教学中，要注意引导儿童参与语言实践活动，观察大自然，观察周围事物，积极参与校园以及社区活动，有意识地培养他们学以致用的习惯，把语文学习、课内外阅读和平时的生活与写作有机结合起来，运用口头语言或图文结合等，不拘形式地表达自己的见闻和想法。

（二）第二学段（3～4 年级）

乐于用口头、书面的方式与人交流沟通，愿意与他人分享增强表达的自信心。观察周围世界，能不拘形式地写下见闻、感受和想象，注意把自己觉得新奇有趣或印象最深、最受感动的内容写清楚。

能用便条、简短的书信进行交流。尝试在习作中运用自己平时积累的语言材料，特别是有新鲜感的词句。学习修改习作中有明显错误的词句。根据表达的需要，正确使用冒号、引号等标点符号。

这一阶段是儿童书面语言发展的关键阶段，习作教学必须加强对儿童进行情感和态度的引导，鼓励他们写自己熟悉的生活，写自己感兴趣的事情，逐步增强习作的自信心。

这个阶段也是写话向习作的过渡期，我们要注意加强教学目标、教学内容和教学方法的衔接，继续坚持先说后写、说写结合的原则，适当安排训练的梯度，体现不同层次儿童的习作能力和需求，激活儿童的思维，想写什么就写什么，想怎样写就怎样写，缓坡上升，给儿童创造体验成功的机会，让儿童充分享受表达的自由，感受写作的快乐，喜欢并爱上写作，帮助儿童顺利实现由写话到比较独立地完成一篇习作的过渡。

在这个阶段，习作教学可组织开展丰富的语文实践活动，引导儿童关注家庭、学校和社会，主动观察大自然，观察生活，引导儿童提出学习和生活中的问题，并根据问题有目的地搜集资料，表达自己的感受和理解，尝试运用语文知识和能力解决生活中的问题。

（三）第三学段（5～6 年级）

懂得写作是为了自我表达和与人交流。养成留心观察周围事物的习惯，有意识地丰富自己的见闻，珍视个人的独特感受，积累习作素材。

能写简单的记实作文和想象作文，内容具体，感情真实。能根据内容表达的需要，分段表述。学写读书笔记，学写常见应用文。

修改自己的习作，并主动与他人交换修改，做到语句通顺，行款正确，书写规范、整洁。根据表达需要，正确使用常用的标点符号。

这一阶段要重点引导儿童能够“懂得写作是为了自我表达和与人交流”，明确写作的目的，明白习作一定要讲真情，说真话，说心里话。“能写简单的记实作文和想象作文”以及“学写读书笔记，学写常见应用文”，强调突出了写作的表达和交流功能。而且，只要求“能写”“学写”，明显是要根据小学生的实际，不要过分注重写作的结构、技巧。

记实作文和想象作文的提法，淡化了文体要求，只要能把观察、感受到的内容写出来，做到内容具体、感情真实、语句通顺、行款正确、书写规范整洁即可，在作文的大地里，让儿童尽情地表达自己的生命感受，倾吐真情，直抒胸臆。

教师在教学中要尽可能开展语言实践活动，创造丰富多样的实践机会引导儿童策划简单的校园和社会活动，让他们更多地参与到多姿多彩的实践活动中去，启发讨论，开展相关的调查，广泛搜集资料，尝试解决生活和学习问题，在生动活泼的实践情境中激发真情实感，产生个性化的表达和创造。

二、儿童写作教学的现状

（一）写作兴趣缺乏，主体创新意识不够

儿童写作教学的现状

“最怕上作文课的是我，最怕写作文的是我，最怕写日记的是我，是我、还是我……”这是一个小学生满脸无奈地给他父母唱的一首歌。“怕写作文”是当前小学生的一种普遍心理。有老师曾经在班内进行过一次调查，七十三名学生中害怕写作文的有七十一名，占班内总人数的 97%。也经常有家长打电话或到校询问，

怎样帮助孩子提高写作水平，培养写作兴趣。其中，有一位家长说："每一次老师只要布置写作文的作业，我就头疼。看着孩子咬着笔头，咬半天写不出一个字，我也急得头疼。"这揭示了当前小学生在作文方面普遍存在的问题——写作兴趣缺乏，不少有"畏文情节"，不能很好地发挥他们的主体作用，千人一面、众口一词。"作文，作文，好似捉魂"，对作文存在着深深的恐惧感。一写到老师，就是爱岗敬业、"带病上课"等老掉牙的故事。一说到乐于助人，不是扶盲人过马路、送小女孩回家，就是给爷爷奶奶让座，似乎都是同一情节、同一故事。生活中很少有新的事情发生，感悟也是千篇一律的。

（二）各学段区分不明显，对低年段、特殊群体的要求过高

《义务教育语文课程标准(2022年版)》非常注重不同阶段的不同要求，第一学段提出"写自己想说的话""写自己对周围事物的认识和感想"。第二学段提出"注意表现自己觉得新奇有趣的或印象最深、最受感动的内容"。第三学段则提出"写作是为了自我表达和与人交流""珍视个人的独特感受"。从想说的话、认识和感想到表现内容，再到表达自我和与人交流，是一步步、一层层往前推进的，是符合小学生年龄特征和身心发展特点的。然而，有些地区的学校希望学生快点掌握知识，教师希望学生拿高分，家长又望子成龙，望女成凤。忽视学生的身心发展规律，一味地求得"又好又快"的发展，将掌握知识的多少作为判断学生聪明与否、出息与否的标准。殊不知，一年级是带领学生找到文字的韵律之美的关键时期，也就是培养语感的关键时期。错过了，就长久地错过了。二年级是直观感知阶段，重点在说话写话；第二学段是分析联想阶段，重点在学写片段；第三学段是发掘本质阶段，重点在半命题或自主作文。

这种高要求还特别体现在对低学段、特殊群体的学生上，刚入学除了要认字、写字、朗读，还要写出一手好字，出口成章有文采。这种超前要求，对于不同学段和不同群体的学生而言是不合时宜的。

（三）教学形式训练枯燥，轻视实践的运用

作文指导是写作教学的基本环节，有广义、狭义之分。"广义"的指导是指贯穿在语文教学中的一般性指导。"狭义"的指导是指在作文课上学生动笔之前的指导。教师在指导学生写作时往往犯重形式，轻内容；重分数，轻实践；重理论，轻生活的错误。导致了学生模仿成风，缺少真情实感。又有教师将模仿封杀，视为抄袭，殊不知小学生写作文需要模仿，要由仿到创，仿中有创，创中有仿。

教学形式枯燥表现在：包办代替，指导过细、过死。教师习惯于用自己的构思代替学生的构思。不仅给学生确定了文章要表达的中心，而且将文章的段落、层次、详写、略写、开头、结尾，甚至将表达内容所用的词汇都一一做了规定，严重束缚了学生的思维活动，使写出来的文章千篇一律。如在一次四年级作文指导课上，命题为“当国旗升起的时候”。写作文前要求学生在周会升旗仪式时，体验升旗时自己的心情。教师是按以下程序进行的：审题，明确“升旗”这件事和对“升旗”的联想；立意，明确“为红旗争光”和“我们对祖国的热爱”；谋篇，以看到的事物(景色、动作、场面)开头，重点写联想，联想到英雄模范为红旗争光，联想到现在的幸福生活来之不易，要为振兴中华而努力学习；用语，教师提示出“庄严肃穆、前仆后继、振兴中华、思绪万千、冉冉升起、心潮起伏、赋予重任、坚持不懈、在所不辞、召唤、拼搏”十几个词语，要求学生把这些词语用在作文上。

有的教师会把《小学生作文大全》《小学生满分作文》《小学生好词好句好段》等中的文章作为典范，易造成学生在作文中的虚假和造作、放任自流。以充分发挥学生主动性、释放想象空间、培养创新思维为理由，出题后不做必要的指导。学生一头雾水，思考方向不明确，写出来的文章自然杂乱无章，既无中心，又无重点。

轻视实践的运用，将作文与生活割裂开来。在学生眼里，语文就是语文，是一门每天必学、期末必考、需要没完没了地背书写字的“苦差事”。作文本是学生生活的记录，学生生命的活动，但现实是一提到作文，学生就会端起架子，仿佛要做一番大事业。而偏偏又没有实现这一事业的热情。“作文作文，腻脑门”，在他们心中就是“老师命题，我来编写”，就是“没完没了地唠叨，最后点明主旨，前后呼应”，“好人好事一箩筐”“英雄人物高大上”。然而，理想是伟大的，现实是残酷的。学过就忘，考后就忘已经成为一种常态，如教小学生写留言条、请假条。教师精心设计，花费一节课甚至更多的时间教学，然而，只是把它当作知识来教。当学生真的生病了需要请假时，依旧是家长代笔、学生观望。发生需要告诉别人的事情时，却难以想起写个留言条。学的知识仿佛都是为了考试，考试由检测的手段异化成学习目标，小学生感受不到多少学习语文的快乐，体味不了文章的奇妙，更别提享受一吐为快、直抒胸臆的美好。

（四）作文批改空间狭窄，打击遏制多元化

部分教师批改空间太狭窄，答案是既定的、唯一的。一个小学生在写《秋天》时说秋天一点都不好，天气寒冷干燥，树叶都掉光了，小草也枯萎了，皮肤也容易干燥等，却被老师否定了，被要求写秋高气爽、五谷丰登、丹桂飘香等套话。这样的批改势必打击孩子们的自信心，遏制多元化的发展。

作文批改是写作教学过程中的一个重要环节，是教师在学生作文成型后，以此训练目的为基准，对作文的思想内容、语言文字、篇章结构、标点符号、书写质量进行全面检查，做出口头或者书面的鉴别、引导、改正、再指导的过程。是一个“二度创造”的过程，“好文章是改出来的”，文不厌改。但是在具体的实施过程中，有的教师不能很好地兼顾内容和形式两方面；有的只以自己的爱好喜恶为“一视同仁”；有的用“万能批语”，空泛笼统地写上几句。这些都会打击学生写作的积极性，遏制学生写作多样化发展。

▶任务三
掌握融合教育背景下儿童写作教学的方法

特殊需要儿童在融合教育的背景下开始进入普通学校接受教育，大部分特殊需要儿童，无法很好地进行写作活动。因此，为适应普通学校的学业要求，就需要对特殊需要儿童进行更为符合自身需求、身心特点的写作教学。

融合教育背景下的写作教学，需要融合普通学生和特殊需要学生的教育需求，构建合理的训练体系，进行具体的指导，因此，融合教育背景下的写作教学的方法显得尤为重要，它对于培养特殊需要学生在融合班级中的课堂参与性，最终提升融合教育质量起着至关重要的作用。

融合教育写作教学设计的策略一般分为写前驱动策略、写中指导策略和写后同伴交流策略。

一、写前驱动策略

写前驱动策略是写作教学设计的一个重要板块，能够激发学生的写作兴趣，尤其是特殊需要儿童，能够帮助他们建立写作自信、体会写作带来的乐趣。写前驱动策略包括以下方法。

（一）降低难度、因材施教

要想融合班级中普特学生的课程协调性，就要适当对教学内容进行调整。融合教育课程内容的调整主体为普通教育课程，在调整过程中需要兼顾普通学生和特殊需要学生的共同需求，追求课程内容的弹性和包容性。课程调整要在遵照特殊需要学生身心状况和学习需要的基础上，以班级中大多数同学的水平为参照，对课程内容进行适当的改变，调整的重点应该是减少或者删除生活中很少用到的、过难过偏的内容，遵循适应性、全面性、实用性等原则。

在写作维度上，主要的调整策略为分解和降低话题难度，并且对于部分内容需要进行生活化的替换。在写作话题的选择上，要注意从学生熟悉的日常生活出发；在写作目标的设定时要注意具体可评量，特别是对于有特殊需要的学生来说，写作要求要清晰，也要根据他们的实际情况选择评量标准；在对特殊需要学生进行写作教学时，教师可以提前找出与主题相似的文章和他们一起分析或者帮助他们积累写作素材等。

（二）游戏入手、创设情境

无论对普通学生还是对特殊需要学生，写前驱动策略都一定要致力于让学生“易于动笔”“乐于动笔”，因此，教师所采取的指导策略和方法一定要与学生的理解水平、接受能力、身心特点为依据。对于普特学生而言，游戏是他们比较容易接受的方法，教师根据写作要求，创设情境，能够调动学生的生活经验、阅读经验，进而激发写作兴趣。

（三）图文配合、描绘故事

学生看图描绘故事，然后在教师的帮助下，提炼出故事要素，搭建好故事框架，并写下故事。这种教学方式一方面可以增强语言的形象性和教学的生动性，易于特殊需要学生的学习，另一方面能够帮助其他学生理解故事。

（四）提供支架、组织模仿

对于小学生而言，尤其是特殊需要学生，他们往往会因词汇、句式等书面语言形式储备不足和理解不当，导致在写作方面遇到困难。这就需要为他们提供种种行之有效的“拐杖”。比如，提供“支架”，让学生对优秀作文进行模仿。当然，需要注意的是，模仿并非生搬硬套、拘泥原型，而应该鼓励学生根据实际情况，进行融会贯通、灵活运用，这样才能让学生尽快的进入写作的自由王国。

二、写中指导策略

特殊需要学生没有经历系统的写作训练，也尚未掌握写作的基本技能，写作时存在无目的、无序、片面等现象，因此，教师在写作过程中应给予其充分、细致的指导。

（一）用好指导语

普通低年级学生和大部分的特殊需要学生，都存在接受能力较弱、上课注意力不集中等问题，因此，教师在指导学生写作时，不能提模糊、笼统的要求，而要以明确、清晰的语言对学生进行指导；能够运用巧妙的提问，拓宽学生的写作视野，让学生对写作对象进行全面和准确的观察。

（二）引导学生运用多种观察方式

无论是普通学生还是特殊需要学生，他们都有观察事物笼统、模糊且表达不清的阶段；或者存在不能集中注意力进行观察等现象。在写作过程中，教师应引导学生运用多种观察方法，重在指导学生运用多种感官多角度地感知观察对象、摄取观察对象，这不仅与课程目标相吻合，符合写作的基本规律，也有助于学生把握事物的特点或本质，构建正确的写作思维。

（三）运用可视化工具进行写作教学

对于特殊需要学生而言，他们难以组织自己的思考，可视化工具有助于发挥他们的视觉优势，把握写作的结构。可视化工具可以统整智力的五大要素即观察力、记忆力、想象力、思维力和注意力。运用可视化工具的教学程序是：首先，教师公布写作主题后，学生想出所有与写作主题有关的概念，随后教师指导学生从所有概念中归纳出主要概念，再选择主要概念下的子概念，并建立关系；其次教师与学生将排序完成的概念口述成描述句，随后学生在教师的指导下运用自己的储备知识将所有概念进行有意义的连接，画出结构图；再次，学生依据结构图写出作文大纲，教师与学生对结构图和作文大纲展开讨论，学生依据讨论结果写出完整的作文；最后，教师对作文进行批评指正，学生修改作文。

可视化工具可以将知识统整、归纳，将复杂、抽象的写作具体化、形象化，并且可以统整学生的听说能力和读写能力，进一步提高学生的写作能力。它的特色正好能够改善普特学生的学习动机低、多度选择等情况，又能善用其视觉优势的特点，减少学习干扰因素，因此能有效地提高学生的学习能力，也能很好地提升教师的教学效果。

三、写后同伴交流策略

《义务教育语文课程标准(2022 年版)》中的习作教学目标都有能够修改习作、与他人分享习作的要求。

（一）扩大读者范围， 实现同伴交流互动

一般情况下，习作交流发生在班内，要么是教师与学生之间的交流，要么是学生与学生之间的交流，但是习作交流应该是思维的碰撞。在融合教育背景下，普特学生之间可以进行习作交流。除此之外，可以通过一些互联网平台等，扩大读者群，实现习作的分享与交流，激发普特学生学习习作的内动力。

（二）重视习作评改， 发挥写作主动性

“好的文章不是写出来的，而是改出来。”习作评改是习作教学的重要环节，也是帮助普特学生写出好文章的必要过程，更是新课改的必然要求。要想做好习作评改的教学工作，首先要帮助普特学生培植评改的信心，可以通过点评好词好句、读书分享活

动等交流方式，让普特学生接近评改、亲近评改。其次，丰富评改的形式，可以通过扩大评改主体(学生互读互改、教师评改、家长评改、小组评改等)，丰富评改方式(欣赏式评改、主题式评改、商讨式评改)来构建有效的评改模式。

思考与练习

1. 谈一谈，儿童在写作构思方面有哪些心理特征，这对于写作教学有什么启示。

2. 有人说，教师在修改作文时应该更加宽容一些。你是否认同这个说法？

项目十　融合教育写作教学的改革方向

融合教育已是世界潮流，融合教育在国外行之有年，在发达国家已比较成熟。《中国教育现代化 2035》提出，办好特殊教育，推进适龄残疾儿童少年教育全覆盖，全面推进融合教育。推进融合教育，办好特殊教育，使残疾学生获得公平而有质量的教育，是推进教育公平的需要，是人民美好生活在教育领域中的具体体现和基本要求。无论是从学生人数还是从班级数量来看，我国融合教育规模近年来均呈现出明显的增长趋势。高质量的融合教育可以启迪特殊需要学生稚嫩的心灵，让自我空间开始融入社会，使每个孩子在康复干预的过程中习得社会的规律与法则，习得与别人交往，习得自立、自理的能力，健康地成长。

融合教育写作教学改革要从着眼生活细微之处入手，调动多种感官参与到观察行动当中来，让学生学会用自我的真实感受描述对于事物的认识，以求达到由感性认识至理性认识。教师要给学生创造合理的情境，帮助学生进行全面的观察，引导学生进入写作的氛围，培养学生良好的写作习惯。教师要学会角色换位，以学生自身的需求作为自身工作的改革要点，对学生多一些呵护，少一些打击。教师要指导学生多看、多听、多想，给学生提供一些较好的写作素材，扩大学生眼界，丰富学生资料库。教师在进行写作教学时，尽可能地给学生营造一个宽松自由的氛围，让学生从写作课的紧张当中放松出来，避免了面对题目抓耳挠腮的尴尬，提高学生的写作水平及引起对周边世界的兴趣，激发学生的创作灵感。

学习目标

1. 了解融合教育背景下写作教学的新理念。

2. 了解如何加强融合不同学生之间的写作的合作和交流。

知识导图

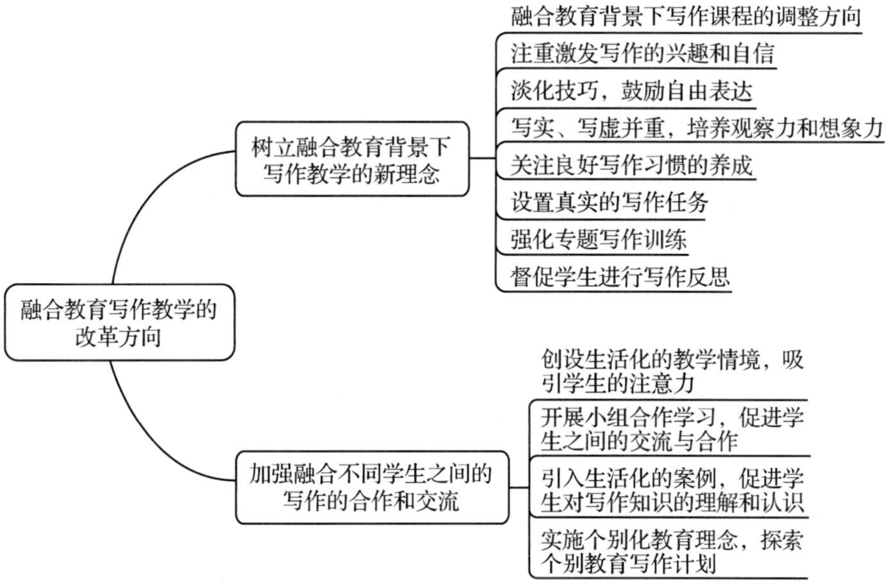

▶任务一 树立融合教育背景下写作教学的新理念

树立融合教育背景下写作教学的新理念 1

《义务教育语文课程标准(2022 年版)》是从知识与能力、过程与方法、情感态度与价值观三个维度来制定写作教学目标的，充分体现了其在语言表达、思维训练、习惯养成、思想认识水平等多方面发展过程中的重要意义。

一、融合教育背景下写作课程的调整方向

融合教育背景下的写作课程应该区别于传统的写作课程，融合教育背景下的写作课程应该承认学生差异性、考虑学生异质性的特点，使用灵活的、差异化的课程设计，以实现融合教育的公平发展。

融合教育背景下的写作课程内容是，在融合教育班级中特殊需要学生语文学业发展水平的基础上，教师对普通学生写作的内容的修正、精简、替换、添加和补充等，对特殊需要学生的写作作业进行调整。

融合教育写作课程调整应遵循两条核心原则：第一，以特殊需要学生的需求为中心；第二，尽量做出最少的调整。课程调整要在遵照特殊需要学生身心状况和学习需要的基础上，以班级中大多数学生的水平为参照，对课程内容进行适当的改变。实现融合班级中特殊需要学生的课程调整，需要考虑以下三个因素：普通教育课程、普通学生教育需要及学生的特殊教育需要，只有处理好三者之间的关系，才能真正落实对特殊需要学生的课程调整。在对课程内容进行调整时，教师要谨慎地调整主体知识，不能影响学生对后续内容的学习。对课程内容的调整是为了让特殊需要学生更好地适应课程内容，而不是为了将他们与普通学生区别开来，因此要尽量减少调整的幅度，使特殊需要学生最大程度地参与普通班级的学习。综合来看，对课程内容调整的原则包括最小调整、最大融合原则，尊重特殊需要学生身心发展水平原则以及必要调整原则。

二、注重激发写作的兴趣和自信

兴趣是推动学生开展自觉学习活动的内部动机。作为一种复杂的精神劳动，无论是普通学生还是特殊需要学生，如果对习作缺乏兴趣，不喜欢甚至害怕作文，不愿主动积极地学习写作，必然难以实现书面语言表达能力、思维能力的提升。特殊需要学生通常缺乏敢说敢写、想说想写的热情、冲动和愿望，因此在习作教学的初始阶段就要把目标重点放在培养学生的写作兴趣和自信上。可以这么说，引导学生对作文保有长久的兴趣，它所需要的一系列组织、引导、激励，本身就是作文教学，而且是最重要的作文教学。

为此，课程标准在教学目标中，对不同学段的作文作了不同称谓：一、二年级叫“写话”，三至六年级叫“习作”。“写话”和“习作”的提法，表明小学阶段的作文是练笔，练习写自己的见闻、感受和想象。这样提，是有意降低难度，使教师打破作文的神秘感，也使学生打消畏难情绪，克服作文要“作”的心理障碍，从而让小学生知道，作文就是写话，“我手写我口，我手与我心”，把自己特别想说的话写下来。这样做，意在提醒教师在教学过程中，要充分考虑习作起步阶段的特点，不应该按照既定作文的概念来要求学生。对于实际的教学而言，前者更容易让低年级学生接受，减少因使用“作文”的概念而引起的理解与认识上的偏差。同时，表述上指向也较为明确、具体，更便于降低要求的难度。

这样做，可以让教材的内容和呈现形式更加生动活泼，写话和阅读、口语交际可以充分地整合，在写话和习作的过程中，不断发现自我、完善自我，并实现自我，充分彰显学生的个体人格，不说假话、套话、空话，说自己的话，在真情实感的表达中获得作文的快乐和信心，从而为写作能力的发展奠定良好的心理基础和人格基础。

三、淡化技巧，鼓励自由表达

写话和习作是由内而外的表达，最能体现学生的兴趣、爱好和需要，最能反映学生的个性特色。作为对以往写作教学中的急功近利、技巧盛行、束缚过多的状况，《义务教育语文课程标准(2022 年版)》主张写自己想说的话，注意表现自己觉得新奇有趣的或印象最深、最受感动的内容，并强调珍视个人的独特感受，写出真情实感，这些都体现了鼓励自由表达，培养学生的创新精神的机制追求。

学生由写自己的话到自由表达再到有个性的表达，在内容、情感上贯穿一个“真”字；在语言、形式上贯穿一个“活”字，强调写作的个性化，重视学生的主观感受。作文是一门教人用语言文字进行表达的学问，更是一门教人学会真诚的学问。

从小学生第一次写话开始，教师就要鼓励他们说真话，吐真情，绝不要言不由衷、胡编乱造。只有让学生保留了应有的个性和童真，真诚地表达，坚持“修辞立其诚”的价值观导向，淡化技巧，才有可能让学生写出风格多样，有个性、有创意的作文。我们不能以成人写作的标准去要求学生，更不能设置条条框框，求全责备，使学生畏首畏尾，缩手缩脚。而是要蹲下身子看学生，珍惜童真、童趣，对那些成人看来离奇稚嫩甚至是荒谬可笑却是学生独特感受和体验的内容，应细心呵护，对学生表现出来的智慧和创造要给予应有的赏识和鼓励。

但是，我们应该看到“自由表达”首先是一种教学策略，要求我们打破种种禁锢，还学生以题材选择、思想表达、语言运用等方面的自由，引导学生说真话，抒真情。不仅如此，我们还要把“自由表达”看作一种追求的目标。“文无定法”，但“文章有法”。方法的指点要从学生的实际出发，而不是从文章做法的理论体系出发，根据写作能力发展和成长需要，做到精要有用。片面强调自由，抛弃应有的规则，就可能走向另一个极端。我们不能因为“自由表达”而拒绝适当地模仿、学习教材中的文章。无论是观察、取材、立意、谋篇还是表现手法，我们都可以此激活和打开学生的写作思路，借助典范的语言形式，表达自己的观察所得和思想感情，以尽快引导学生进入作文的自由王国，做到意到笔随，凸显自身个性，感受自由习作的快乐。

四、写实、写虚并重，培养观察力和想象力

想象是人的头脑改造旧表象、创造新想象的心理过程。儿童时期是想象力发展的巅峰时期，当儿童展开想象时，记忆中的表象会由模糊变清晰，由单薄变厚重，新形

象会随旧形象的改造不断生成。有了想象，儿童的生命体验就能得到拓新，创新的萌芽才能破土而出，习作才能更加鲜活、生动出彩。写作教学为学生的大胆想象提供了其他任何学科都无法比拟的巨大空间和丰富资源。《义务教育语文课程标准(2022 年版)》从写开始，就注重引导学生写看到的事物，又引导学生写想象中的事物，到高年级，明确提出“能写简单的记实作文和想象作文”，转变为写实、写虚的思路。鼓励想象，实际上是在为学生提供构建新形象、培养创造意识和创造力的机会。

心理学研究表明，一个人的记忆表象储备越多，他所展开的想象内容则越丰富。积累是想象的源泉，离开丰富的表象，想象就成了空中楼阁，因此，写作教学既要重视给学生一双善于发现的眼睛，又要重视给学生一对驰骋想象的翅膀。重视写实，善于发现，事事留心观察，积累的表象就会日益丰富，为想象提供现实基础；重视写想象，可以拓展学生的思维空间，有利于进一步发挥学生的主体性，真正做到无拘无束，自由自在地表达所见所闻，所感所思。

特殊需要儿童除了可以掌握常规的观察方法以外，还可以通过补偿来增强感性经验，通过阅读来丰富间接经验。

五、关注良好写作习惯的养成

树立融合教育背景下写作教学的新理念 2

学习作文，说到底是养成良好的作文习惯。养成良好的习惯，不仅有助于写作能力的提高，而且能够促进学生的全面发展和终身发展。写作教学应该着重培养留心观察、自觉积累、积极构思、认真表达和主动修改的习惯。

（一）留心观察周围事物的习惯

观察是小学生写作的重要前提，只有长期细心地观察，才能有所改善。在写作教学中，应注重培养学生留心观察的习惯，注意对学生进行长期的、有效的观察训练，引导学生关心现实，做生活的有心人。要保持一颗好奇心，乐于观察，善于发现。由爱观察、好打听、愿了解、勤思考，逐渐养成留心周围事物的习惯，提高学生的观察水平和能力。

（二）自觉积累习作素材的习惯

《义务教育语文课程标准(2022 年版)》要求学生“尝试在习作中运用自己平时积累的语言材料”，“珍视个人的独特感受，积累习作素材”。从以上表述来看，积累应该包括生活经验的积累和语言材料的积累两个方面。我们应尽可能引导学生目睹或亲身经历有关生活，在亲身的体验中观察、思考。同时，还应开展阅读活动，搜集信息，了解相关知识，对生活和事物有一定的思考和认识。只有积累、沉淀下来的生活经验和语言材料，才能真正成为学生语文素养的有机组成部分，随时提取，运用到表达中去。有些积累暂时还不能发挥作用，但这些材料一旦与新的经验、知识相互激活，就可以转化为积极的语言材料。

培养自觉积累的习惯，途径如下。第一，充实学生的生活。生活充实，语言表达才有源头活水。丰富学生的日常生活，开展丰富多彩的活动，如参观访问、旅游考察、社会实践等，让学生走进生活，了解生活，感受生活，提高认识。第二，加强课外阅读指导。学生知识经验的积累，不可能都来自亲身感受，我们要用人类创造积累起来的间接经验，即书本知识，来充实、丰富学生的头脑，指导学生开展课外阅读，组织读书竞赛、读书演讲、展览读书笔记、交流心得体会等，保持课外阅读的趣味性和有效性。第三，广泛搜集信息。到阅览室、图书馆读书看报，浏览网页，观看电视，到社区、街道等地方有主题地收集信息，学习、记录、整理资料，并开展交流活动，尝试整理运用。

（三）勤于动笔、积极构思的习惯

一是勤于积累写作素材，包括内容方面的和语言方面的；二是勤练笔，在学习、读书之中，只要有所见、所闻、所思、所感，就随手写下来，让中年级学生写日记，高年级学生写随笔，是个好方法。为了能够恰如其分地表达自己的见闻和感受，还要在动笔过程中养成积极构思的习惯，先想后写、想好再写。每次动笔，要先想一想，为什么写，该怎样写；哪些要写，哪些不要写；哪些先写，哪些后写。在自我表达的同时，还要能站在读者的角度想想，这样写别人是否能看得明白。认认真真地进行表达，努力做到语句通顺，行款格式正确，书写规范、端正、整洁。

（四）主动修改作文的习惯

主动、独立修改作文，既是一种良好的写作习惯，也是具有较高写作能力的表现。培养主动修改作文的习惯，首先，要引导学生明确修改作文的重要意义，让学生懂得，写作是一种脑力劳动，需要经过不懈的追求和反复的修改，才能取得点滴的进步。好文章不是写出来的，而是改出来的。只有学会修改文章，才能使自己的写作能力不断提高。要让学生明确修改的内容和要求，从一开始的错别字、病句、标点符号等内容入手，让学生直接感受修改的重要性，逐步过渡到根据表情达意的需要，推敲词句、调整段落等，使修改的文章清晰可辨，以逐渐养成成文后必读必改的好习惯。

六、设置真实的写作任务

在写作教学中，教师尽量强调任务的真实性。例如，“我的爱好”这样一个题目，看似比较简单，但是通过这个题目并不能看出真正的交流目的。真实的任务应当包含“任务完成过程”“交流目的”“交流对象”“写作情境”这几个要素。所以，对于“我的爱好”这样的写作任务，教师应当继续按照这几个要素进行细化，改成“向今天认识的新同学介绍自己的兴趣爱好，希望能够找到志趣相同的朋友”。这种特定的情境让写作任务更加真实，学生可以在这种特定的情境中按照交流目的和交流对象完成写作任务，或者可以说是一个交际任务。这样的写作教学既可以提升学生的写作兴趣，还能提升学生的语言表达能力。

七、强化专题写作训练

在以发展学生语文核心素养为导向的写作教学中，教师应当摒弃零散的写作训练方式，取而代之地是强化专题写作训练，这样既可以提升学生写作水平，还能实现提升学生人文素养，培养学生思维品质等多重目的。在笔者看来，教师可以在某个特定的时间围绕某一种技能或某一个话题开展系列性的写作活动。例如，互联网是一种新兴事物，掌握上网技能是每一个学生都必须具备的，教师可以围绕这一个话题对学生进行系统的训练，如设置诸如“学生应当如何科学上网”“学生能不能玩网络游戏”“学生上网是弊大于利还是利大于弊”等话题，对学生进行为期两个星期或一个月的写作训练。这样的写作训练主题集中，能够锻炼学生的思维能力，这对提升学生写作水平具有重要意义。

八、督促学生进行写作反思

在传统的写作指导中，教师往往只关注学生的写作过程指导，在这种环境下，学生对写作的追求也只是停留在“写完”的层面上。而以发展学生语文核心素养为导向的写作教学中，教师不仅要让学生“写完”，更要鼓励学生“写好”。而要想“写好”，学生不仅要掌握丰富的写作技巧，还要不断反思、总结、优化。所以，语文教师在指导学生写作的时候，除了要传授学生写作方法和技巧，还要督促学生进行写作反思。为了增强学生的反思实效性，教师应当为学生的反思指出明确的方向，指导学生从语言、思维、审美、文化这几个方面对文章进行品鉴，及时发现其中的不足。尤其是语言建构方面，尽量做到表述清晰、到位。在这个过程中，教师要发挥自身的指导作用，及时发现学生作文中的问题并给予合理的策略支持。例如，在对动作进行描写的时候，学生很少会展开描写，通常是以叙述为主。这样写出来的文章内容往往不够具体，形象生动更是无从谈起。教师要对这个问题的原因进行分析，然后结合学生描述的内容将一些动作描写方法传授给学生，如在描述连续性动作的时候要将动作分解开来进行描摹，而不是用叙述交代的方式代替描写。又比如，在描写动作的频率、幅度、力度、速度时，要合理地运用限制性词语、修饰性词语。

▶任务二 加强融合不同学生之间的写作的合作和交流

加强融合不同学生之间的写作的合作和交流

一、创设生活化的教学情境，吸引学生的注意力

学生的特殊性决定了他们对课堂教学有着特殊的要求。以往的课堂教学很难吸引学生的注意力。鉴于此，教师在开展生活语文教学时应注重良好生活情境的创设，使

学生联想到自身的生活经历，从而积极、主动地将注意力投入课堂，为教学活动的顺利开展打下良好的根基。

以“购物”这课内容为例，教师可以利用多媒体为学生创设购物式的教学情境，或者将学生的学习用具作为商品，在教室摊开来。为学生准备自制的“零钱”，让学生分别扮演“买家”和“卖家”，引导学生进行学习用具的买卖活动。这样便将语文教学内容与实际生活结合起来，既能使学生在充分联系自身生活经验的基础上加深对所学知识的了解，又能使学生通过课堂教学学会购物，达到一石二鸟、一箭双雕的目的，获得事半功倍的教学效果。

以“寄信”这课的内容为例，教师可以先向学生介绍写信的格式、要求，让学生以感恩父母为主题写一封信，之后进行信件的投递活动。首先利用课前准备好的信封、邮票向学生介绍它们的功能及用处，并为学生提供信封和邮票，让学生将写好的信放入信封中，填写封面上的寄件人和收件人的信息，将邮票粘贴到正确的位置。完成之后，向学生介绍这样的信才是完整的一封信。然后将废弃的纸箱制成邮筒，带领学生进行寄信活动。在邮寄过程中向学生解释信件是通过怎样的方式到达父母手中的，使学生对寄件的整个流程有整体、全面的认识。如此便使学生在生活化的情境中加深对所学知识的认识，丰富学生的体验，为生活语文教学的顺利开展奠定扎实的基础。

二、开展小组合作学习，促进学生之间的交流与合作

小组合作教学是普通融合教育中开展语文教学的有效途径和方式。学生在心智、身体素质等各方面存在一定的差异性，因而开展小组合作学习能够加强学生间的交流与合作，使学生在小组讨论、合作过程中认识、了解不同的想法、思路，从而刺激大脑的开发，更好地认知、理解所学知识。

讨论是学生在“写前阶段”阐明思想、交流看法，为准备写作材料而获得有价值的信息的一种有效活动方式。通过讨论，学生可从别人的发言中发现新思想，酝酿新情感，从而产生“共振效应”，帮助学生获得写作的灵感。

以“清明端午中秋”这部分教学活动为例，主要介绍清明节、端午节和中秋节三个

重要的传统节日及传统习俗，教学目标是使学生对传统节日及有关习俗和活动有基本的了解和认识，感受到传统节日的美好。在课堂上，教师可以根据学生的智力发展水平进行分组，使每组学生的智力发展水平相当，并且每组有一到两名轻中度智力障碍的学生，这样可以在小组活动中帮助其他重度智力障碍或自闭症学生。接着，教师可以围绕这些节日所吃的食物、特有的习俗及与节日有关的活动对学生提问，如月饼是在哪个节日吃的、端午节有什么活动等，让学生以小组为单位进行讨论，并派出代表发言。之后让学生以小组竞赛形式进行图片的配对活动，对传统节日及对应的活动进行配对，对答得快、对得多的小组进行表扬，以此调动学生的学习积极性。如此通过开展小组合作教学，促进学生间的交流与合作，加深学生对所学知识的理解和记忆，对课堂教学活动的顺利开展起到重要的推动作用。

又如以“多彩的秋天”这部分内容为例，该课的教学目标是让学生了解秋天是个收获的季节，让学生体会到秋天是多彩的。在课堂上，教师可以根据学生对秋天常见颜色的认知及对色彩的认识进行分组，然后利用学生感兴趣的动画片引入教学内容，抛出问题让学生思考：秋天到底是什么颜色的？为什么说秋天是多彩的？让学生围绕这些问题进行小组讨论，鼓励每位学生发表看法，并根据学生所说的内容进行纠正和补充说明，这样可以加深学生对秋天的了解和认识，之后，教师可以利用多媒体课件为学生展示秋天的风采，引导学生从中观察秋天景物的色彩，培养学生的观察能力。如此便使学生在小组合作中加深对所学内容的认识，提高学生的学习有效性，也能促进特殊需要儿童顺利融入其中。

三、引入生活化的案例，促进学生对写作知识的理解和认知

开展生活语文教学时，引入生活化的教学案例是必要的。特殊需要学生相比正常学生来说，在学习知识的过程中存在一定的认知难度，对此教师应充分联系教学内容引入生活化的案例，使学生充分认识到生活与教学内容的内在联系，在联系生活经历的基础上更好地理解所学知识，促进教学活动的顺利开展。

例如，以“爸爸、妈妈、我”这部分内容为例，其教学目标是让学生说出自己的家

人，知道爸爸、妈妈是家中一员，爸爸、妈妈的性别及懂得如何爱自己的爸爸妈妈。在课堂上，教师可以围绕“父母平时是如何关爱自己的”这个话题与学生互动，让学生从日常生活中的点滴小事说起，谈谈父母平时是如何关爱自己的。比如，父母是如何照顾自己的饮食起居的，父母在辛勤工作之余是如何陪伴自己的等，鼓励学生从这些小事入手，关爱父母，为父母做一些力所能及的小事。引入生活案例，可加深学生对所学知识的了解和认识，对学生学习能力的提高有重要的促进作用。

又如以“红绿灯”这部分内容为例，其教学目标是让学生了解一些基本的交通安全知识，培养学生自觉遵守交通规则、维护交通秩序的意识。在课堂上，教师可以利用多媒体为学生创设一定的情境，使学生产生身临其境的感觉，然后结合课件让学生认识红、黄、绿这三种交通信号灯及相应颜色的交通信号灯出现时人们应该怎么做。之后教师可以结合生活中的一些案例，如乱闯红灯、酒后驾驶等不遵守交通规则导致的车祸案例，使学生认识到遵守交通规则的重要性，强化学生的交通安全意识，加深学生对这部分知识的理解。如此，引入生活中常见的与教学内容相关的案例开展教学活动，能促进学生对所学知识的理解和吸收，提高学生的认知能力，使课堂教学活动有序、顺利地开展。

四、实施个别化教育理念，探索个别教育写作计划

在融合教育过程中，由于学生的障碍类型和程度不同，写作学习的需求也会存在差异，这个时候采取同样的教学内容、教学方式和考评方式，会使部分学生处于无效学习的状况。因此，在写作教学过程中也要注重差异性和个别化的教学，进而提高教育教学的针对性。这就需要教师在写作教学的过程中，针对特殊需要儿童的写作兴趣和特点，制订“一生一模式”的定制教育计划，帮助特殊需要儿童打好写作基础，实现其人生价值。

思考与练习

1. 谈一谈融合教育背景下有哪些写作理念可以遵循。
2. 融合教育背景下的写作教学方法有哪些？

▶主要参考文献

[1]尹相如．写作教程[M].2 版．北京：高等教育出版社，2009.

[2]李春梅，张丽华，郝蕊．基础写作[M]. 长沙：湖南师范大学出版社，2019.

[3]董小玉．现代写作教程[M]. 北京：高等教育出版社，2000.

[4]孙绍振．文学创作论[M]. 福州：海峡文艺出版社，2004.

[5]杨九俊，姚烺强．小学语文课程与教学[M]. 南京：南京大学出版社，2013.

[6]雷江华．融合教育导论[M].2 版．北京：北京大学出版社，2017.

[7]王天舒．议论文写作教程[M]. 长沙：湖南大学出版社，2006.

[8]夏晓鸣，张剑平．应用文写作[M].5 版．北京：首都经济贸易大学出版社，2018.

[9]张福庆．高校议论文写作教程[M]. 北京：世界知识出版社，2011.

[10]耿云巧，马俊霞．现代应用文写作[M].4 版．北京：清华大学出版社，2015.

[11]凯勒．假如给我三天光明[M]. 李汉昭，译．北京：华文出版社，2005.

[12]夏丏尊，叶绍钧．国文百八课(第一册)[M]. 北京：人民教育出版社，1985.